아미타경 핵심강의

아미타경 핵심강의

정종 법사 법문
정전 스님 옮김

운주사

머리말

『아미타경』은 불문佛門에서 가장 보편적으로 독송되고 있는 경전이자 정토종에서 가장 중요한 경전입니다. 경전의 핵심은 왕생의 올바른 원인(正因)을 설명하는 단락에 있으며, 총 100여 자로 되어 있습니다. 그러나 이 경문에 대한 일반인들의 오해가 매우 많은데, 그 오해는 주로 '소선근少善根', '일심불란一心不亂', '심부전도心不顚倒'라는 세 구절에 집중되어 있습니다. 이에 대한 오해로 스스로 장애가 생겨 마음속에 두려움을 품게 되고 최후에는 왕생의 이익을 잃고 맙니다.

2005년, 정종법사께서 중국 샤먼(廈門, 아모이)의 계명사啓明寺에서 전적으로 이에 대해 강설하셨는데, 경전의 증거와 조사의 증거·이치적 증거·사실적 증거를 낱낱이 들고, 아울러 여러 가지 비유를 더하여 적절하고 상세하고 분명하며 간단명료하고도 이해하기 쉽게 강의하셨으므로 듣는 이들이 모두 기뻐하였습니다.

이 책은 바로 법사님의 강연을 정리하여 엮은 것입니다. 원컨대 인연 있는 분들이 읽고 나서 마음의 평안(安心)과 법의

기쁨(法喜)을 얻으시고, 염불에 용맹정진하여 반드시 극락왕
생하시기를 간절히 바랍니다.

편집자

머리말 5

I. 서론

『아미타경』의 핵심 15 / 세 가지 점을 따름 16

정인과 정과(正因正果) 16 / 세 가지 큰 고뇌 18

두 곳의 의문 19

II. 본론

1. 어떤 것이 '많은 선근'인가 • 23

1) 전수와 잡행의 득실로부터 판단함 23

두 가지 상반된 관점 23 / 전수와 잡행의 득실 24

2) 이치로써 설명함 27

회의를 여는 비유 27 / 국왕이 소견하는 비유 29

3) 비교로써 설명함 33

여러 가지 선근의 비교 33

명함과 제왕의 칭호에 대한 비유 37

성지聖旨와 토산품에 대한 비유 39

명호를 한 번 부름에 십지를 초월함 41

태자와 뭇 대신의 비유 42

4) 비유로써 설명함 43

건물과 창, 문 등의 비유 44 / 마니와 잡보의 비유 45

오층 건물의 비유 48

5) 경문의 증거 50

(1) 『아미타경』 50

(2) 이역본 『아미타경』 52

(3) 범어본 『아미타경』 52

강궁의 비유 53 / 물에 빠지는 비유 56

(4) 『무량수경』 57

수표의 비유 60 / 단돈 일원으로 빌딩을 사는 비유 63

궁자의 비유 65 / 근기가 성숙되었다 76

서방에 왕생하는 것은 사람으로 태어나는 것보다 쉽다 78

부목이 바다에 들어가는 비유 79

먼 곳을 쉽게 도달하는 비유 81 / 명호의 공덕 보물 82

뛸 듯이 기뻐함 83 / 내지 한 번만이라도 염하면 84

칭명의 선근이 부처님과 같다 84

(5) 『관경』 86

쌀밥의 비유 88 / 향기를 맡는 비유 90

명호 가운데서 큰 이익을 얻다 91

(6) 『경전』의 말씀 92

상이 있는 복덕은 많은 것이 아니다 94

(7) 『대비경』 95

성불하고도 남음이 있다 95

(8) 『열반경』 96

(9) 『증일아함경』 97

(10) 『대지도론』 99

항공모함 대 작은 어선의 비유 100 / 부처님을 믿음 102

6) 조사의 해석 105

　(1) 담란대사의 『왕생론주』 105

　　진실한 공덕 105 / 진실하지 못한 공덕 107

　　인과가 서로 부합함 109

　(2) 선도대사의 『법사찬』 110

　　열반의 보토 111 / 잡다한 선으로는 왕생할 수 없음 111

　　전수염불하면 반드시 왕생함 112

　(3) 선도대사의 『반주찬』 1 115

　(4) 선도대사의 『반주찬』 2 116

　(5) 선도대사의 『관경소』 118

　(6) 연지대사의 『아미타경소초』 120

　(7) 우익대사의 『미타요해』 1 122

　(8) 우익대사의 『미타요해』 2 123

　　상표의 비유 124 / 제왕이 죄를 사면하는 비유 124

　(9) 우익대사의 『미타요해』 3 126

　　신원행이 일체이다 128

　　외딴섬의 주민들이 배를 건조하기를 발원하는 비유 130

　　어린아이가 젖을 먹기를 거부하는 비유 132

　(10) 우익대사의 『미타요해』 4 133

　　누더기 천과 황금의 비유 136

7) 사례를 들어서 설명함 137

　　『법화경』을 독송한 비구니의 이야기 138

　　최파의 이야기 143 / 육자는 삼아승지겁을 초월한다 149

2. 어떤 것이 '일심불란'인가 • 152

　　두 가지 해석 152 / 정토문에는 따로 규칙이 있다 153

　1) 이치로써 추론함 154

　　범부가 반드시 할 수 있는 것이다 154 / 다리를 놓는 비유 156

　2) 삼경을 대조하여 설명함 160

　　(1) 『아미타경』 160

　　　위험한 길에서 횃불을 드는 비유 161

　　　동란하지도 난잡하지 않다 162

　　(2) 이역본 『아미타경』 164

　　(3) 『무량수경』 165

　　　아미타불께서 직접 기준을 정하시다 165

　　　왕생의 근원 166 / 판매업자의 비유 168

　　　제18원의 경문 169 / 삼배왕생문 170

　　(4) 『관경』 171

　3) 조사의 해석 175

　　(1) 선도대사의 『법사찬』 175

　　(2) 선도대사의 『관경소』1 176

　　(3) 선도대사의 『관경소』2 177

　　(4) 선도대사의 『관념법문』 178

　　(5) 선도대사의 『왕생예찬』 179

　　　한 글자, 전專 180

　　　서방정토는 어지러운 것을 싫어하지 않는다 181

　　　세 경전의 종지가 일치하다 182

　　　배고픈 사람에게 빵을 보시하는 비유 183

(6) 원신대사의 안심법어 185

흙으로 빚은 소상과 숯의 비유 187

스스로 병이 위중함을 아는 비유 189

통째로 내려놓다 190 / 망념이 각심으로 바뀌다 191

연꽃이 더러운 진흙에 물들지 않는 비유 192

자신의 마음에 속지 말아야 한다 194

'일향전념一向專念'하라 196

바람을 따르는 구름의 비유 198

염불하여 방광을 한 이야기 200 / 의사와 환자의 비유 202

큰길을 다니는 행인의 비유 204

길가에서 자라는 화초의 비유 206

(7) 인광대사의 꾸지람 209

일심불란은 아주 쉽다 212

4) 사례를 들어 설명함 214

송나라 때 황타철의 이야기 214 / 홀가분하게 염불하다 218

편안하고 침착하게 염불하다 218

5) 총결을 지으며 역으로 나타냄 220

여섯 가지 큰 과실 220

3. 어떻게 '심부전도'를 보증할 것인가 • 223

1) 오해를 깨트림 225

오해① 225 / 오해② 228 / 오해③ 231

명종의 세 단계 232

내영은 명료심위에서 이루어진다 236

2) 삼경을 대조함 236

세 가지 시기 236 / 아미타불의 보증 237

구품 하나하나가 모두 전도되지 않는다 239

3) 사례를 들어 설명함 242

뇌조하 이야기 242

아미타불께서 소리에 응하여 바로 나타나시다 247

식물인간이 왕생한 이야기 249

염불하는 사람과 염불하지 않는 사람의 죽을 때 상황 255

세 가지 점은 모두 난관이 되지 않는다 257

4. '선남자·선여인'에 관해서 • 259

염불이 바로 선남자·선여인이다 259

『관경』에서 부처님의 찬탄 260 / 선도대사의 해석 262

『아미타경』에서 말하는 선의 기준 265

5. '약일일 약칠일'에 관해서 • 267

임종에 이를 때까지 267 / 세 가지 체득 270

III. 총결

핵심 중의 핵심 275

경문과 조사 해석의 대조표 276

I.
서론

『아미타경』의 핵심

적은 선근과 복덕 인연으로 저 나라에 왕생할 수 없느니라.
만약 어떤 선남자·선여인이 아미타불에 대한 설법을 듣고,
그 명호를 굳게 지니어, 하루나 이틀이나 혹은 사흘, 나흘,
닷새, 엿새 혹은 이레 동안 한결같은 마음으로 흐트러지지
않는다면, 그 사람이 임종을 할 때에 아미타불께서 여러 성
인 대중들과 함께 그 사람 앞에 나투시게 되나니, 그 사람
이 목숨을 마칠 때에 마음이 뒤바뀌지 않고 바로 아미타불
의 극락세계에 왕생하게 되느니라.
不可以少善根福德因緣, 得生彼國. 若有善男子, 善女人, 聞
說阿彌陀佛, 執持名號, 若一日, 若二日, 若三日, 若四日, 若
五日, 若六日, 若七日, 一心不亂, 其人臨命終時, 阿彌陀佛
與諸聖衆, 現在其前; 是人終時, 心不顚倒, 卽得往生阿彌陀
佛極樂國土.

이 단락의 경문은 전부 합쳐서 겨우 백 자 정도밖에 안 되지
만, 극락왕생의 정확한 방법을 설명하고 있어서 전체『아미타
경』의 핵심으로 매우 중요합니다. 그러나 역시 자주 오해를 받

게 되는데, 일단 오해하고 나면 전체 『아미타경』의 의미가 완전히 바뀌게 되고 왕생은 수포로 돌아가게 될 것입니다.

세 가지 점을 따름

여러분들이 이 단락의 경문에 대해 정확히 이해하기 위해서는 먼저 다음과 같은 몇 가지 기본원칙을 확립해야 합니다.

첫째, 선도대사의 정토사상에 의거함을 근본 지침으로 삼는다.

둘째, '정토삼경' 가운데 다른 두 부의 경전인 『무량수경』과 『관경』에서 서로 관련된 경문을 회통하여 해석한다. 특히 48원 가운데 제18 '염불왕생원'을 회통하여 해석한다.

셋째, 사례를 들어 증거로 삼고, 동시에 여러 가지 비유도 든다.

정인과 정과(正因正果)

이 단락의 경문을 이치상으로 말한다면 '비인(非因: 원인이 아닌 것)을 배제시키고 정인(正因: 정확한 원인)을 선택하여 정과(正果: 바른 결과)를 명시하는' 관계가 있으며, 일반 신도들의 심리적인 측면으로부터 말한다면 이른바 '세 가지 큰 고뇌와 두 곳의 의문'이 있습니다.

1. 비인을 배제시킨다(排除非因). 경문에서 말씀하시기를

“극락세계의 경계는 고묘高妙하여 적은 선근과 복덕에 의지해서는 왕생할 수 없다”고 하셨는데, ‘적은 선근과 복덕’이 바로 비인非因이므로 먼저 배제시켜서 우리들로 하여금 다른 일에 정신을 팔지 않고 일심으로 곧장 나아가도록 해줍니다.

2. 정인을 선택한다(選擇正因). ‘명호를 굳게 지니면 바로 왕생한다’고 하셨으니, 명호를 굳게 지니는 것(執持名號)이 바로 정인正因입니다. 이른바 ‘정인’이란

첫째는 정확함正確이니, 정확하여 그릇되지 않은 인이라는 것이요,

둘째는 순정純正이니, 순수하고 올바르며 잡다하지 않은 인이라는 것이요,

셋째는 정직正直이니, 바르고 곧아서 우회적이지 않은 인이라는 것이요,

넷째는 필정必定이니, 반드시 왕생하는 인이어서 어떠한 불확정성도 존재하지 않다는 것입니다.

3. 정과를 명시한다(明示正果). 원인이 있으면 반드시 결과가 있듯이 명호를 굳게 지니는 것을 원인으로 삼아 두 가지 결과를 얻을 수 있습니다. 첫째는 임종 시에 ‘부처님과 성인 대중들이 몸을 나투어 내영해주시는’ 결과이고, 둘째는 임종 시에 ‘마음이 뒤바뀌지 않고 곧바로 왕생하는’ 결과입니다.

세 가지 큰 고뇌

이 단락의 경문은 『아미타경』의 결정적인 관건이어서, 만약 선도대사의 해석을 따른다면 누구나 실천할 수 있고 누구나 극락세계에 왕생할 수 있습니다. 그러나 만약 정확한 이해가 없다면 마음속에 큰 고뇌가 생기게 되는데, 이 『아미타경』을 독송하면 할수록 두렵게 되고, 당신이 정토법문을 닦으면 닦을수록 더욱 고뇌하게 되어 심지어 아예 포기해버리고 닦지 않게 됩니다.

무슨 고뇌가 있을까요?

첫 번째 고뇌는 '많은 선근(多善根)'에 대해서입니다. 왕생을 하려면 많은 선근이 필요하다고 하셨는데, 누가 감히 자신에게 많은 선근이 있다고 보증할 수 있겠습니까? 많은 선근이 없으면 왕생할 수 없으니, 이것이 바로 하나의 큰 고뇌입니다!

두 번째 고뇌는 '일심불란一心不亂'에 대해서입니다. 사자성어 가운데 '담호색변談虎色變'이란 말이 있는데, 호랑이 이야기만 해도 얼굴빛이 달라진다는 것입니다. 우리도 '일심불란'이란 말만 하면 거의 모든 사람들이 혼란스럽게 됩니다. 자신은 온종일 망념이 분분하고, 마음은 마치 야생마와 같고 미친 코끼리와 같아서 아무리 수습하려 해도 수습이 안 되므로 전혀 일심선정一心禪定에 도달할 수 없으니 어떡해야 합니까? 도달할 수 없다면 왕생할 수 있을까요, 없을까요? 이것도 고뇌입니다!

세 번째 큰 고뇌는 '심부전도心不顚倒'에 대해서입니다. 죽을 때 마음이 전도되지 않아야 한다고 하는데, 그럼 우리는 자신이 죽을 때 어떻게 마음이 전도되지 않을 거라고 보증할 수 있을까요? 이 자리에 계시는 모든 분들, 우리는 자신이 언제 죽을지도 모르고 또 자신이 어떻게 죽을지도 모릅니다. 요즘에는 광산사고·물난리·비행기사고·차량사고·배사고 등 교통사고도 많고, 뇌출혈·심장병·식물인간·중풍, 높은 곳에서 떨어져 죽고, 화재를 당해 타 죽고, 물에 빠져 죽고……, 이런 온갖 횡사와 급사들이 있는데, 만에 하나 자신이 이 경우를 만난다면요? 누가 감히 자신은 임종 시에 반드시 정념을 유지할 수 있다고 장담할 수 있겠습니까?

이 세 가지 점은 우리의 마음을 가장 고뇌하게 만드는 것으로, 마치 세 개의 큰 돌덩어리가 우리의 마음을 누르고 있는 것과 같습니다.

두 곳의 의문

그리고 또 의문이 두 군데 있습니다.

첫 번째는 "선남자·선여인"에 관해서입니다. 우리는 선남자·선여인에 속할까요? "오직 선인만 왕생할 수 있나요? 저는 다소 나쁜 짓을 저질렀습니다. 저는 식당을 하면서 살생을 많이 한 적도 있었고, 또 남을 속인 적도 있었으며, 남을 업신여긴 적도 있었고, 남을 욕한 적도 있고 때린 적도 있었으며, 벌어서는 안 될 돈을 번 적도 있었고, 굴려서는 안 될 머리를 굴린 적도 있었습니다. 이렇게 여러 가지 죄업을 지었는데 염불하여 왕생할 자격이 있을까요?" 이것이 첫 번째 의문입니다.

두 번째는 "하루나……이레 동안"이라 하셨는데, 그럼 하루나 이레 동안만 염불하면 될까요?

이 몇 단락의 경문에 대한 정확한 이해가 없다면 짙은 안개 속에 놓인 것과 같아서, 왕생의 길에는 온갖 위험과 어려움으로 가득할 것입니다.

II.

본론

1. 어떤 것이 '많은 선근'인가

1) 전수와 잡행의 득실로부터 판단함

두 가지 상반된 관점

경에서 설하기를, "적은 선근과 복덕 인연으로는 저 나라에 왕생할 수 없느니라"고 하셨는데, 그렇다면 무엇이 많은 선근일까요? 다들 왕생을 하려면 염불은 빠져서는 안 된다고 생각하는데, 이 전제하에 또 두 가지 서로 다른 관점이 있습니다.

하나의 관점은, 단지 염불만 하는 것이 바로 적은 선근이어서 (이것만으로는) 왕생할 수 없으며, 염불 외에 여러 가지 선과 복을 닦는 수행을 더하여 회향해야만 비로소 많은 선근이 되며, 비로소 왕생할 수 있다고 여기는 것입니다.

또 하나의 관점은, 염불이 바로 많은 선근이어서 설사 다른 수행이 없더라도 오로지 염불에 의지하면 반드시 왕생하고, 그 외의 것은 모두 적은 선근이어서 아무리 많이 닦아도 염불을 하지 않는다면 왕생할 수 없다고 생각하는 것입니다.

첫 번째 관점을 들어보면 비교적 직관적인데, 곧 염불에 다른 수행을 더하면 염불보다 공덕이 크다는 것입니다.

(염불+다른 수행) 〉 (염불)

두 번째 관점을 들어보면 약간 독단적인 것 같습니다. 그러나 그것도 일리는 있습니다. 그 말은 나는 염불에 염불을 더하면 염불에 다른 수행을 더한 것보다 공덕이 크다는 것입니다.

(염불 + 염불) 〉 (염불 + 다른 수행)

도대체 어느 관점이 정확한 걸까요? 우리는 먼저 판단하지 않겠습니다. 우리는 이 두 가지 관점에 따라 수행하면 어떠한 다른 결과가 생기는지부터 살펴보겠습니다.

전수와 잡행의 득실

첫 번째 이해에 의하면, 그는 틀림없이 여러 가지 법문을 닦아서 회향하여 서방극락세계에 왕생하기를 구할 것입니다. 왜냐하면 그는 이렇게 해야만 선근과 복덕이 아주 많을 거라고 생각하기 때문에, 그는 이 경전도 독송하고 저 진언도 독송하고,

이 법도 닦고 저 부처님께도 절을 하게 되겠지요. 그렇게 되면 바로 선도대사께서 말씀하신 잡행잡수雜行雜修에 떨어지게 됩니다.

두 번째 이해에 의하면, 염불이 많은 선근과 많은 복덕이므로 그는 전수염불을 하며 일향전념一向專念을 하게 될 것입니다. 선도대사께서는 『왕생예찬往生禮讚』에서 다음과 같이 말씀하셨습니다.

내가 근래에 직접 보고 들은 바에 의하면,
여러 지방의 출가자와 재가자들 중에 이해와 수행(解行)이
다르고, 전수와 잡수(專雜)가 달랐다.
余比日自見聞:
諸方道俗, 解行不同, 專雜有異.

이는 "나 선도가 근래 한동안 직접 보고 직접 들은 바에 의하면, 다들 정토법문에 대한 이해가 달랐는데, 이해가 다르다 보니 수행방법도 달라 전수를 하는 이와 잡행을 하는 이가 있었다"는 말입니다. 만약 단지 염불만 하면 적은 선근이어서 여러 가지 법문을 모두 닦아야 비로소 많은 선근이라고 여긴다면, 이렇게 이해하게 되면 잡행잡수를 하게 될 것입니다. 만약에 염불이 많은 선근과 많은 복덕이라 여긴다면, 그 사람은 하

나의 법문으로 깊숙이 들어가 전수전념專修專念을 하게 될 것입니다. 그럼 얻은 결과는 어떨까요? (『왕생예찬』에서 다음과 같이 말씀하셨습니다.)

다만 한결같은 마음으로 정행을 닦는 자는
열이면 열이 다 왕생을 하지만,
잡행을 닦고 지극한 마음(至心)이 아닌 자들은
천 명 중에 (왕생한 이는) 한 명도 없었다.
但使專意作者, 十卽十生;
修雜不至心者, 千中無一.

이는 선도대사께서 직접 보시고 직접 들으신 것입니다. 대사께서는 "전수염불을 하는 사람은 열이면 열이 왕생하고, 백이면 백이 왕생한다. 그럼 잡행잡수를 하는 사람들은 어떠한가? 천 명 가운데 왕생한 사람은 한 명도 없었다"고 말씀하신 것입니다.

따라서 답은 아주 분명합니다. 전수염불을 하면 열 명이면 열 명이 왕생하므로 당연히 많은 선근과 많은 복덕이고, 잡행잡수를 하면 천 명 중에 한 명도 없으니 당연히 적은 선근과 적은 복덕이겠지요.

2) 이치로써 설명함

이렇게 말한다면 아마도 어떤 분들의 마음에는 여전히 불만스럽고 납득할 수 없을 것입니다. '분명히 내가 그들보다 닦은 법문도 많고 선근도 많고 그들보다 독경도 더 잘하고 진언도 더 잘 외우는데, 왜 내가 도리어 적은 선근이고 왕생이 결정되지 않는다고 하는가? 그들은 단지 염불만 할 줄 알고 다른 것은 아무것도 모르는데, 어떻게 오히려 많은 선근이고 왕생이 결정되었다고 하는가?' 하며 마음속으로 납득이 되지 않을 것입니다.

아래에 우리는 이치·비교·비유·경문·조사의 말씀(祖語)·사례 등의 각 방면과 여러 각도에서 염불이 바로 많은 선근이라는 것을 설명하여 여러분들로 하여금 결정적인 신심을 건립하고 '전수염불하면 반드시 왕생한다'는 사실에 대해 안심할 수 있도록 하겠습니다.

회의를 여는 비유

앞서 (『아미타경』) 경문에서 설하기를, 극락세계에는 모두 불퇴전 내지는 '일생보처一生補處'의 대보살들로서, 이러한 "으뜸가는 훌륭한 사람들과 함께 모여 사는(諸上善人 俱會一處)" 곳이라고 하셨습니다. 이른바 '유유상종'이란 말이 있듯이 아무튼 수준이 비슷한 사람들끼리라야 함께 모일 수가 있는 법입니다. 그렇다면, 이러한 곳에 도달하려면 일반범부는 말할 것도 없거니와 여러 대아라한들마저도 자격미달이기 때문에 『왕생론주』에서는 "대승의 선근계는 이승의 종성들이 태어나지 않는다(大乘善根界, 二乘種不生)"라고 설하신 것입니다.

으뜸가는 훌륭한 사람들이 함께 모여 사는 곳에 적은 선근으로는 왕생할 수 없습니다. 위는 아래와 상대되고, 많음은 적음과 상대되므로 으뜸가는 선(上善)이 바로 많은 선(多善)이고, 적은 선(少善)이 바로 아래 선(下善)입니다. 『아미타경』에서는 어떤 사람을 으뜸가는 선인이라 하셨습니까? '아비발치'·'일생보처'의 여러 대보살님들이십니다! 이러한 수준에 도달하지 못하면 모두 적은 선이고 아래 선이어서 최소한 불퇴전의 보살, 더 나아가 일생보처라는 대보살의 선근 기준에 도달해야만 비로소 자격을 갖췄다고 말할 수 있겠지요. 자신의 힘을 의지하여 이런 사람들과 함께 모이고 싶어도 당신이 그런 수준이 안 되는데 어떻게 가능하겠습니까?

예를 들어 성장급(省長級: 도지사급)의 회의에 시장은 참가할 자격이 없으며, 일반 서민들은 더욱 참가할 자격이 없습니다. 극락세계에는 이러한 대보살들이 함께 모여 사는 곳인데, 우리의 선근과 복덕은 충분할까요? 충분하지 않습니다! 자신을 의지한다면 아무리 노력하여 수행하고 아무리 선근복덕을 쌓아도 전부 부족하여 전부 적은 선근과 적은 복덕이니, 그 엄청난 차이는 가히 하늘과 땅 차이라고 말할 수 있습니다.

이처럼 뛰어나고 묘한 국토는 오직 염불, 곧 부처님의 명호를 불러서 아미타불의 선근복덕에 의지해야만 비로소 왕생할 수 있을 뿐, 부처님의 명호를 제외하고서 범부들 자신이 닦은 일체 유루(번뇌가 있는)의 선법으로는 모두 왕생할 수 없습니다.

국왕이 소견하는 비유

예를 들어 왕궁은 국왕이 거처하고 문무 대신들이 국정을 위해 출입하는 곳으로, 일개 백성이 왕궁에 가려면 자신의 신분에 의지해서는 갈 수가 없습니다. 그러나 만약 국왕의 소견(召見: 윗사람이 아랫사람을 부르는 것)이 있고, 국왕의 명령이 있으며, 국왕의 성지(聖旨: 황제의 명령)가 있다면 백성이 국왕을 알현할 수 있을까요, 없을까요? 알현할 수 있습니다.

다음은 여러분들에게 이야기를 하나 해드리겠습니다. 여러분들이 이 이야기를 들을 때는 약간의 상상력을 갖고 저에게 협조를 해주셔야 합니다. 모두 눈을 감으십시오. 시간은 몇백 년 전으로 거슬러 올라갑니다. 지금 이 자리에 계시는 여러분들은 현재의 이 옷을 입고 있는 게 아니라, 청나라의 두루마기와 마고자를 입고 머리는 길게 변발을 하고 있습니다. 그때는 이 샤먼廈門이란 도시도 없고 단지 작은 노점들과 찻집들만 있는데, 사람들이 모여서 이야기를 합니다. "영명英明하신 황제 폐하 만세!" 어떤 사람이 놀립니다. "아, 이 영감아! 언제 한번 영감도 자금성의 금란전金鑾殿에 가서 황제폐하를 알현하여 진급을 할 수 있다면 우리도 얼마나 좋겠나? 덩달아 덕을 볼 수 있을 테니 말야……."

"잠꼬대 그만하소, 우리 같은 일개 백성이 어떻게 황제를 뵐 수 있겠소!"

이때 마침 옆에 기개가 비범한 사람이 있었는데, 그들이 황제를 공경하고 찬탄하는 소리를 듣고, 게다가 황제를 뵙고 싶은 마음이 이렇게 절실하다는 것을 보고는 그들에게 다가와 말을 건넵니다.

"나에게는 당신이 황제를 뵙게 할 방법이 있소!"

"응? 당신이 누구신데 그런 방법이 있소?"

"나에게 다 방법이 있소!" 그리고는 종이와 붓을 가져와서 "당신의 이름은 무엇이요?"라고 묻고는, 그의 이름을 종이 위에 적습니다. "아무개가 입궁하여 알현할 것을 특별히 허락한다." 그리고 그 밑의 낙관에는 '강희(康熙: 청나라 성조聖祖의 연호. 1662~1722)'라고 찍혀 있었습니다.

강희황제의 성지를 가지고 있다면, 그렇다면 이 백성은 황궁으로 들어갈 자격이 있습니까, 없습니까?

【대중: 있습니다!】

우리가 바로 일반백성·오탁악세의 범부들이고, 우리가 칭념하고 있는 '나무아미타불' 여섯 자는 보통 글자가 아니라 아미타불께서 직접 초청해주시는 서명입니다! 아미타불께서 서명하신 초청장을 들고서 아미타불의 국토에 가는 것, 이것은 너무나 당연한 일입니다.

아미타불께서 제18원에서 말씀하시기를, "시방중생(당신과 나)들이 나의 나라에 왕생하고자(초청) 내지 십념(서명)을 한다면, 반드시 나의 나라에 왕생한다"고 하셨습니다.

육자명호가 바로 아미타불께서 우리에게 주시는 성지聖旨이고, 육자명호가 바로 아미타불께서 우리에게 보내주신 초청장이자 소견서召見書입니다. 아미타불께서 우리를 초청하시는 육자명호가 있는데, 어떻게 극락세계에 왕생할 수 없겠습니까?

이것 외에, 예컨대 우리가 황제를 알현하려고 하는데, 당신이 말단 관리인 현령縣令를 찾아서 서명을 받는다면 쓸모가 있을까요, 없을까요? 여러분들이 말해보세요, 현령이 당신에게 서명을 해주면서 "됐소! 나의 글을 들고 직접 찾아가면 될 것이네"라고 말한다면 쓸모가 있겠습니까?

【대중: 쓸모가 없습니다!】

그래요. 그럼 지방 행정장관을 찾아서 서명을 받으면 쓸모가 있겠습니까? 쓸모가 없습니다. 그도 감히 서명할 수 없습니다!

좋아요! 그럼 각 부처의 최고 장관을 찾아가 서명을 받으면 쓸모가 있겠습니까? 역시 쓸모가 없습니다.

그럼 이것은 무엇을 설명합니까? 이 육자명호는 아미타불께서 직접 우리에게 분부하신 것이고, 기타 모든 법문은 마치 최고 장관이나 지방 장관이나 말단 관리와 같은 것이어서 그들을 찾아서 극락세계에 왕생하려 한다면, 그들도 전부 손을 저으며 "아, 우리에게는 아직 그런 위덕이 없습니다"라고 하면서, 우리에게 서방극락세계에 왕생하려면 '당신은 나무아미타불을 불러야 한다'고 일러주실 것입니다. 그들은 이것을 우리에게 소개해줍니다.

따라서 우리가 분명히 알아야 할 것은, 서방극락세계에 왕생하려면 오직 아미타불의 명호에 승탁乘託해야만 한다는 것입니다. 왜냐하면 이 육자명호 속에는 아미타불의 위없는 공덕이 포함되어 있고, 또 육자명호는 아미타불의 우리들에 대한 직접적인 선소(宣召: 부처님의 부르심)여서, 마치 국왕의 소견과 같고 국왕의 호령과 같아서 아무런 장애가 없기 때문입니다. 그 밖의 모든 신하와 백성들에게는 전부 이런 위덕이 없습니다. 경전에서는 "시방제불이 다 같이 무량수불의 위신공덕威神功德의 불가사의함을 찬탄하고 있다"고 하셨습니다.

석가모니불께서는 이 『아미타경』에서 명호를 집지하는 것이 바로 많은 선근이라고 우리에게 일러주십니다. 이 '아미타불에 대한 설법을 듣고 명호를 집지함'을 제외한 모든 행은 전부 적은 선근과 적은 복덕의 인연이어서 왕생할 수 없다는 것이 바로 이러한 이치입니다.

3) 비교로써 설명함

여러 가지 선근의 비교

다음은 우리가 비교를 해보겠습니다. 옛말에 "물건을 몰라보는 게 두려운 것이 아니라, 여러 물건을 비교하는 것이 두렵다"는 말이 있습니다.

여기에 네 구절의 말씀이 있는데, 제가 먼저 한번 읽어보겠습니다.

오계와 십선은 삼계에 체류하고,
성문과 연각은 대승이 아니며,
보살은 만행이 원만하지 않았으니,

육자와 비교하면 모두 적은 공덕일세.

五戒十善滯三界　聲聞緣覺非大乘

菩薩萬行未圓滿　較之六字皆少德

　이 네 구절 말씀은 이해하기가 아주 쉽습니다. 오계와 십선이 선이기는 하나 여전히 삼계에 있어서 윤회를 벗어나지 못하고, 아라한도 선이어서 높이 삼계를 초월하여 영원히 윤회로부터 벗어났지만 아라한은 단지 자신의 문제만을 해결한 자료한自了漢일 뿐 대보리심을 내지는 않습니다. 보살은 더욱 선이어서 대보리심을 내어 널리 육도만행을 닦아 맹세코 일체중생을 제도하려고는 하지만 보살의 수행은 아직 원만한 경지에 이르지 못했기에, 이런 것들을 가지고 아미타불의 원만한 공덕인 육자명호와 비교를 한다면 전부 적은 선근이고 적은 복덕이라는 것이지요.

　범부의 입장에서 말한다면, 우리 자신이 닦을 수 있는 선근과 복덕은 기껏해야 오계와 십선 정도인데, 오계와 십선을 원만히 닦을 수 있다면 당신은 아주 희유한 사람입니다. 그러니 오계와 십선조차 실천하기 어려운 우리들에게 무슨 선근과 복덕이 있겠습니까?

　오계와 십선도 선근복덕이어서 오계를 지키는 것과 오계를 훼범毀犯하는 것을 비교하면 선이라 할 수 있고, 십선과 십악을 비교하면 역시 선이라 할 수 있습니다. 그러나 오계와 십선은 여전히 삼계 내에 체류하고 있어서 삼계의 육도윤회로부터 벗어나지 못했습니다. 오계와 십선을 잘 닦으면 다음 생에 다시 사람으로 태어나 높은 관직에 오르고 큰돈을 벌 수 있으며, 천상세계에 태어나 천자나 천녀가 될 수도 있습니다. 그러나 이런 선근과 복덕을 만약 아라한의 선근복덕과 비교한다면 비교할 수 있겠습니까?

【대중: 없습니다!】

이는 그야말로 하늘과 땅 차이로 비교할 수 없습니다! 아라한은 이미 삼계를 벗어나 이른바 “삼계 밖으로 벗어나 오행 가운데 있지 않다(跳出三界外, 不在五行中)”는 말이 있듯이 그는 이미 삼계를 벗어난 성자인데, 오계와 십선으로 어떻게 그들과 비교할 수 있겠습니까?

여러분들에게 질문하겠습니다. 아라한은 자신의 선근과 복덕에 의지하여 서방극락세계에 왕생할 수 있을까요, 없을까요?

【대중: 없습니다!】

서방극락세계에 왕생할 수 없습니다. 천친보살의 『왕생론』에서는 “극락세계는 대승의 선근계여서 이승의 종성이 태어날 수 없다"고 말씀하셨지요. 극락세계는 대승보살·대승선근의 경계여서 '이승'인 성문·연각(아라한과 벽지불)이 자신의 선근과 복덕을 의지하여 극락세계에 왕생하려 한다면 자격미달이라는 것입니다. 극락세계에 가려면 아라한의 선근과 복덕조차 부족하거늘, 범부의 오계와 십선으로 어떻게 가능하겠습니까?

그리고 또한 아라한의 선근과 복덕이 비록 범부들과 비교하면 아주 많다고 할 수 있지만, 만약 보살과 비교한다면 누구의 선근과 복덕이 많겠습니까?

【대중: 보살입니다!】

이 장부는 계산하기가 매우 쉽습니다. 왜냐하면 아라한은 자신의 생사만을 해결하는 자료한自了漢이어서 그들은 자신의 생사윤회만을 해결하지만, 보살은 광대한 보리심을 일으켜 모든 중생을 제도하려 하기 때문입니다. 따라서 보살의 선근복덕을 아라한과 비교한다면, 그것은 또 다른 차원이어서 하늘과 땅의 차이로 비교할 수 없습니다.

또한 보살의 심량이 광대무변하고 선근복덕 역시 무량무변하지만, 보살은 필경 성불한 게 아니라 아직 보살의 지위에 있기에 원만하지가 않습니다. 그럼 보살의 선근복덕을 아미타불과 비교를 한다면 어느 분이 더 많을까요? 그것 또한 하늘과 땅을 비교할 수 없듯이 엄청난 차이가 있습니다.

　이렇게 비교해본다면 오직 부처님의 선근과 복덕만이 가장 철저하고 가장 원만합니다.

　그럼, 아미타불의 선근복덕은 어디에서 구체적으로 드러날까요? 아미타불의 선근복덕은 육자명호 속에 포함되어 있습니다.

　이렇게 말하니까 조금 멀리 갔는데, 우리 세간의 일을 말하면 다들 분명하게 알아들을 수 있을 것입니다.

명함과 제왕의 칭호에 대한 비유

여러분, 우리가 일반시민으로서 우리의 복보(福報: 복의 과보, 복덕)를 가지고 시장과 비교한다면 누가 더 크겠습니까? 시장이 크고 우리가 작습니다.

　시장의 복보와 위세가 큽니까, 아니면 성장省長의 복보와 위세가 큽니까? 성장이 큽니다.

　성장의 복보가 큰 것은 어디에서 그렇습니까? 그가 성장이라는 데서 큽니다. 그가 밖에서 명함을 꺼내면서 "내가 성장이다"고 말하면, 다른 것 필요 없이 바로 성장이라는 이름뿐인데도 성장이라는 이름이 그의 복보를 대표합니다.

　그러면 성장의 복보가 큽니까, 아니면 국가주석(대통령에 해당)의 복보가 큽니까? 국가주석이 큽니다. 국가주석의 복보가 큰 것은 어디에서 그렇습니까? 그가 국가주석이라는 데서 크며, 그에게는 이런 명분가 있습니다. 이 명분만 있으면 법에 따라 나라를 다스리고 백성들에게 복음(福蔭: 복과 보호)이 되어줄 수 있으니, 이른바 명분이 정당하면 말도 이치에 맞아서 그 위치에서 그 정사를 꾀할 수 있습니다. 당신이 국가주석이 아니라면 당신에게는 그러한 명분이 없습니다.

아미타불의 무량무변하고 철저하고 원만한 선근복덕은 어디에서 드러납니까? 바로 여섯 자 속에서 드러나기 때문에 비로소 '나무아미타불'이라고 부르는 것입니다. 여러분들은 이 여섯 자가 너무 간단하다고 생각해서는 안 됩니다. 이 여섯 자는 간단하지 않습니다! 성불의 공덕과 능력이 있어야 비로소 성불하고나서의 명호가 있는 것입니다.

시대별로 중국역사를 살펴보면 지금껏 "나눠진 지 오래되면 반드시 합쳐지고, 합쳐진 지 오래되면 반드시 나눠진다(分久必合, 合久必分)"고 했습니다. 천하대란이 일어날 때 제후들이 서로 난투를 벌였지만 감히 제왕이라 자칭하는 자는 단 한 명도 없었습니다. 최후에 각지의 제후들을 항복시키고 각지의 반란을 평정시키고 천하통일을 한 자만이 비로소 수도를 건립하고 제왕이라 부를 수 있었습니다. 사람은 여전히 같은 사람이고 제왕으로 불리는 것도 단지 제왕의 칭호를 얻은 것에 불과하지만, 이 제왕의 칭호는 쉽게 얻어진 게 아니라 수십 년의 문치무공文治武功과 남정북벌南征北伐을 통해 천하를 평정하고 큰 성공을 이뤄서야 비로소 제왕의 칭호가 있게 된 것입니다. 따라서 제왕의 칭호란 모든 문치무공과 강산통일을 상징하고 있습니다.

법장보살께서 오겁 동안의 사유와 조재영겁(헤아릴 수 없이 오랜 세월)의 수행을 거쳐 일체 번뇌의 적들을 소탕하고, 모든 고난에 빠진 중생들을 구제하며 무량한 공덕을 쌓아서 공덕이 원만해졌을 때에야 비로소 '나무아미타불'이라 부를 수 있었습니다. 따라서 아미타불이란 명호는 쉽게 얻어진 것이 아니며, 아미타불께서 인지(因地: 성불하기 전까지 수행의 자리)의 발심에서부터 과상(果上: 성불의 과보를 이룬 자리)의 정각을 이룰 때까지 모든 원만한 공덕을 대표하고 있습니다. 모든 보살의 수행과 모든 아라한의 수행을 육자명호와 비교한다면 전혀 비교할 수 없습니다. 그렇다면 우리 범부들의 오계와 십선은 더욱 말할 것도 없겠지요.

성지聖旨와 토산품에 대한 비유
여러 연우님들, 우리들이 닦은 오계 십선의 선근이 많습니까, 아니면 육자명호 속의 선근이 많습니까?

【대중: 육자명호입니다.】

맞습니다! 대답이 정확하여 백점입니다!

우리 연우님들 가운데는 가끔 이러한 이치를 모르고서 "스님! 제가 나무아미타불·나무아미타불·나무아미타불 하며 부르는데, 이 여섯 자를 부를 때 왠지 모르게 뭔가 허전하고 딱딱하고 괴로운 것 같습니다. 이처럼 허전하게 몇 글자를 부른다고 왕생할 수 있을까요? 제가 저기서 보시를 한다거나 절에서 기둥 하나를 만든다거나 방생을 한다거나…… 하는 것은 선근공덕이 아주 뚜렷합니다. 확실히 볼 수도 있고요! 이것을 의지하여 왕생하는 게 더욱 확실하지 않을까요?"라고 말하는 분이 계십니다. 여러분들은 어느 것이 더 확실할 것 같습니까?

비유를 드는 게 좋겠습니다. 비유를 들어야만 이해하기가 쉬우니까요. 여전히 방금 전의 비유를 계속 들겠습니다. 이 백성이 황제의 부름을 받아서 관직을 얻고 상을 받으러 가는데, 당연히 기쁘겠지요. 그러나 다시 생각해 보니 '나는 가진 게 아무 것도 없는데, 어떻게 관직을 얻고 상을 받을 수 있겠는가? 듣기로는 관직을 얻고 상을 받을 수 있는 사람은 국가에 대해 공헌이 있는 사람이어야 한다던데, 내가 국가에 대해 아무런 공헌이 없는데 어떡하면 좋을까?' 그래서 또 생각을 합니다. '그래! 좋은 방법이 있어. 우리 집에 토산품이 있는데, 내가 집에서 심은 고구마와 감자를 가져가서 공물로 바쳐야지!' 그래서 그는 수고를 아끼지 않고 고구마를 가지고 황궁의 대문 앞까지 짊어지고 갔습니다. 그런데 얼굴에 땀투성이가 되도록 짊어지고 갔지만 호위병들이 들어가지 못하도록 막아버리는 것이었습니다. 왜냐하면 그가 황제의 성지를 가져오는 것을 잊어버렸기 때문입니다. 그가 성지에는 단지 몇 글자밖에 없어서 무게감이 없으며, 게다가 전혀 자신의 공헌이 아니기 때문에 아마도 중요하지 않을 것이라고 생각했던 것이었지요. 결국 그는 황궁의 대문으로 들어갈 수 없었습니다.

우리가 닦은 오계와 십선, 모든 공덕들은 기껏 해봐야 고구마 정도일 뿐입니다. 그러나 육자명호는 아미타불께서 직접 우리들에게 하사해주신 성지와 호령입니다.

명호를 한 번 부름에 십지를 초월함

우리 정토문 안에 자주 들을 수 있는 두 구절 말씀이 있습니다.

한 번의 칭념으로 십지를 초월함에 놀라지 말 것이니,
마땅히 여섯 글자가 삼승을 포괄함을 알라.
莫訝一稱超十地, 須知六字括三乘.

이 말씀은 무슨 의미일까요? '막아莫訝'는 놀라지 말라는 것인데, 분명히 우리들이 놀랄 것을 알고 있기 때문에 사전에 미리 "당신은 놀라지 말라"고 말해주는 것입니다. 무슨 일에 놀라지 말라는 것입니까? '한 번 나무아미타불을 부르면 십지보살을 초월한다'는 것입니다. 아! 이토록 대단합니다! 한 번 나무아미타불을 부르면 십지보살을 초월합니다! 감히 상상이나 할 수 있겠습니까? 감히 상상할 수 없습니다. 왜 그럴까요? '이 여섯 자 속에는 삼승을 다 포괄하고 있어서, 성문·연각·보살도 전부 육자명호 속에 포함되어 있기 때문입니다.'

이는 마치 방금 든 비유처럼 현령과 지방장관과 최고장관의 권력은 모두 제왕의 성지 속에 포함되어 있기에 그들은 모두 성지에 따라 일을 처리하고 그들의 직권을 행사하고 있는 것과 같습니다.

아라한의 선근복덕·벽지불의 선근복덕·보살의 선근복덕은 모두 나무아미타불의 육자명호 속에 농축되어 있고, 그 속에 전부 포함되어 있습니다. 따라서 우리가 이 한 구절 부처님의 명호를 불러야만 비로소 십지보살을 초월할 수 있겠지요.

태자와 뭇 대신의 비유

인광대사의 『문초』 속에도 아주 좋은 비유 하나가 있습니다.

비유하면 태자가 태어나자마자

그 귀함은 뭇 대신들을 압도하는 것과 같다.

譬如太子墮地, 貴壓群臣.

이 말씀은 이 어린 태자가 응애응애 울며 태어나자마자 그의 존귀함은 모든 대신들을 초월하여 재상도 그에게 절을 해야 한다는 것입니다. 왜 그럴까요? 그가 태자로서 나중에 커서 황제의 자리에 올라야 하기 때문이지요.

인광대사의 말씀은, 우리 염불하는 사람은 마치 갓 태어난 태자와 같아서 우리의 아버지는 아미타불이시고, 우리가 나무아미타불을 부르면 바로 부처님의 아들이며, 우리가 서방극락세계에 왕생하기를 발원하면 바로 부처님의 자식이 갓 태어나자마자 이승二乘을 초월한 것과 같아서, 곧 아라한과 벽지불을 초월하여 곧장 보살의 지위에 든다는 것입니다. 따라서 염불이 많은 선근입니다.

4) 비유로써 설명함

다시 비유를 들어 설명해보겠습니다.

건물과 창, 문 등의 비유

예컨대 우리가 지금 이 미타보전彌陀寶殿 안에 있는데, 우리가 '미타보전' 넉자만 말해도 그 속에는 불상도 포함되고 기둥도 포함되고, 문·창문·벽·지붕…… 등이 전부 그 속에 포함됩니다.

그러나 만약 단지 기둥만 얘기한다면 그 속에는 문을 포함할 수 없고, 문만 얘기하면 창문을 포함할 수 없습니다. 어느 한 가지를 말하더라도 전부 하나를 얻고 만 개를 빠뜨리게 되지만, 미타보전을 말하면 하나에 일체를 포함하고 있어 전체를 포괄할 수 있습니다.

'나무아미타불' 여섯 자는 총공덕總功德이어서 마치 '미타보전'이 총칭인 것과 같습니다. 만약 우리가 단지 어느 한 부의 경만 독송한다거나 어느 하나의 다라니만 독송한다거나 어느 한 법만 닦는다면, 이런 것들은 모두 문·창문·벽돌·기와와 같아서 단지 한 부분 한 부분의 공덕일 뿐, 전체의 공덕은 아닙니다.

기타의 수행, 예컨대 우리가 오계를 닦으면 오계의 공덕이 있습니다. 그러나 비구계의 공덕은 없습니다. 비구계를 닦으면 비구계의 공덕은 있겠지만 보살계의 공덕은 없습니다. 또 당신이 이 경전을 독송하면 이 경전의 공덕은 있어도 저 경전의 공덕은 없습니다. 그러나 만약에 우리가 나무아미타불을 부른다면, 모든 경전·모든 다라니·모든 계·정·혜가 전부 그 속에 포함되기 때문에 많은 선근과 많은 복덕이 되는 것입니다.

마니와 잡보의 비유

'마니摩尼'를 마니보주摩尼寶珠라 부르기도 하고 여의보주라 부르기도 합니다. 마니보주가 비록 작은 구슬에 불과하지만 어떤 보물이 필요하면 바로 그 보물이 나옵니다. 마니보주를 향해 "내가 지금 천하의 가난한 백성들을 구제하려 하는데 황금 백 톤이 필요하다"고 기도하면, 말이 채 떨어지기도 전에 마니보주 속으로부터 마치 비가 내리듯이 백 톤의 황금이 쏟아져 나옵니다. 만약 "아직 부족하니까 다시 백 톤이 필요하다"고 말하면 곧바로 비가 내리듯이 백 톤의 황금이 쏟아져 나오는데, 이 보배를 마니보주라 부릅니다.

그럼 무엇을 잡보雜寶라 부를까요? 바로 금·은·진주·마노·적주 등등을 잡보라 부릅니다.

예를 들어 하나의 큰 창고 속에 수많은 보물들이 있는데, 황금·백은·진주·마노 등등의 모든 보물들이 다 갖춰져 있습니다. 그리고 맨 가운데 자리에 작은 마니보주 한 알이 놓여 있습니다. 우리는 이 창고에 들어와서 보물을 가져다 중생들을 구제하려 합니다. 그런데 어떤 사람이 들어와서 보고는 "와,

대문 옆에 바로 한 무더기 황금이 있구나!"라고 말하면서 바로 황금을 짊어지고 나갔습니다. 황금이 비록 귀중하기는 하지만 아주 빨리 소진되고 말 것입니다.

진정으로 지혜가 있는 사람이라면, 이 보물창고에 들어와서 어떤 보물을 가져갈까요?

【대중: 마니보주입니다!】

그렇습니다! 우리 모두 "나는 저 마니보주를 가져갈 것입니다"라고 말할 줄 압니다. 당신이 마니보주를 손에 쥐고 나서 구슬에게 "쌀 오십 톤이 필요하다"고 말하면 바로 쌀이 나오고, "천막이 천 개 필요하다"고 말하면 전부 나오게 됩니다. 마니보주만 가지고 있으면 모든 게 전부 있게 됩니다. 만약에 황금 또는 백은을 짊어진다면, 힘도 들고 또 수고롭지만 여전히 한계가 있습니다.

따라서 많고 적음에 대해 때로는 표면적인 수량만 봐서는 안 됩니다. 예를 들어 마니보주는 한 알뿐이지만 모든 보물을 토해낼 수 있습니다. 반면에 아주 많은 잡다한 보물들은 수량이 비록 많기는 하나 작은 여의보주 한 알만 못합니다.

이 비유는 무엇을 설명하려는 걸까요? '나무아미타불' 육자명호가 바로 마니보주여서 이 육자명호 속에는 『금강경』의 공덕이 들어 있고, 『법화경』의 공덕·『지장경』의 공덕·「능엄주」의 공덕·「대비주」의 공덕·「십소주」의 공덕도 전부 들어 있습니다. 따라서 당신이 이런 공덕이 필요하다면 바로 이 육자명호 속에 전부 들어 있는 것입니다. 기타 갖가지 수행법문도 비록 모두 매우 존귀하고 모두 불가사의하기는 하나, 그런 공덕들은 마치 금·은·진주·마노…… 등의 잡보와 같습니다. 더욱이 우리 범부들이 닦은 오계와 십선의 공덕은 등급이 너무 낮아서 그야말로 깨어진 기와조각과도 같습니다. 왜냐하면 우리가 닦은 공덕들은 아직 유루有漏·유위有爲의 선법善法들이기 때문입니다. 그러나 어떤 사람들은 여전히 자신이 닦은 자그마한 오계와 십선을 가지고 염불보다 더 낫다고 여기는데, 그건 깨진 기와조각을 안고서 마니보주를 버린 격이니, 보물을 알아보는 눈이 없다고 말할 수 있겠지요.

서방극락세계에 왕생하려 한다면 품속에 아미타불 육자명호의 마니보주를 갖고 있어야만 비로소 원만한 공덕을 얻을 수 있으며, 다른 온갖 법문을 닦은 공덕을 회향하여 왕생을 하려 한다면 단지 잡보의 공덕만 얻게 됩니다.

우리는 육자명호가 곧 '만덕홍명(萬德洪名: 일체의 덕을 포함하는 넓고 큰 이름)'이라는 말을 자주 듣게 되는데, '만'은 일체를 포함한다는 의미입니다. 모든 공덕이 전부 육자명호 속에 포함되어 있다면 그게 바로 마니보주가 아니겠습니까? 담란대사께서는 『왕생론주』에서 아미타불의 명호를 일컬어 '청정한 마니보(淸淨摩尼寶)'라 하셨습니다. 마니보주가 비록 작은 구슬 한 알에 불과하지만 모든 보물들을 토해낼 수 있습니다. 이 한 구절 육자명호 역시 간단하고 짧아서 여섯 글자밖에 안 되지만 일체 불·법·승 삼보의 공덕과 일체 경전·일체 다라니·일체 수행의 법문·일체 보살·성문·연각의 공덕을 전부그 속에 다 포함하고 있습니다.

나무아미타불! 이 마니보주를 여러분에게 소개해드릴 테니, 다들 잘 보관하셔서 잃어버리지 않으시길 바랍니다.

오층 건물의 비유

또 예를 들면 오층으로 되어 있는 높은 건물이 있는데, 일층에는 수만 명에 달하는 많은 사람들이 살고 있고, 이층 역시 적지 않은 수천 명이 살고 있으며, 삼층에도 수백 명이 있고, 사층에는 수십 명, 맨 위층에는 오직 한 사람만 있습니다. 비록 아래 일층·이층·삼층에 그렇게 많은 사람들이 살고 있지만, 가장 높은 오층에 사는 사람이 볼 수 있는 범위와 경관과 비교한다면, 아래에 많은 사람들이 볼 수 있는 경관이 더 많을까요, 아니면 위에 있는 사람이 볼 수 있는 것이 더 많을까요?

【대중: 위에 있는 사람입니다!】

그렇습니다. 오층 위에 있는 사람이 볼 수 있는 경관이 가장 많습니다. 이것은 단순히 수량상의 많고 적음이 아니라 경계상의 높고 낮음이 있는 것입니다. 왜냐하면 그 사람의 경계가 가장 높기 때문에 이른바 "천리 밖의 먼 곳을 보려면 누각 한 층을 더 올라가라"는 말이 있듯이, 건물 꼭대기에 서서 시선을 멀리 두고 바라보면 끝없이 광활한 벌판이 전부 한눈에 들어오게 됩니다. 아래층에 사는 사람들이 아무리 많고, 동쪽 서쪽으로 아무리 봐도 그 범위는 여전히 조금밖에 안 됩니다.

이 비유는 무엇을 설명할까요? 첫 번째 층은 인천人天의 선법을 대표하고, 두 번째 층은 성문을 대표하며, 세 번째 층은 연각을 대표하고, 네 번째 층은 보살을 대표하며, 건물꼭대기 다섯 번째 층은 곧 나무아미타불입니다. 모든 선근공덕이 전부 육자명호 속에 들어 있기에 우리가 나무아미타불을 칭념하면 건물의 오층에 올라간 것과 같아서 우리는 건물 꼭대기에 서서 모든 경관을 하나도 빠짐없이 두루 볼 수 있습니다.

우리는 본래 어느 층에 있을까요? "저는 아마도 일층에 있을 겁니다. 오계와 십선……" 진정으로 일층에 있는 사람은 그리 많지가 않습니다. 우리들은 아마도 지하실에 있을 겁니다.

왜냐하면 오계와 십선을 닦는 것도 쉬운 게 아니기 때문이지요. 오계와 십선을 닦을 수 없다면 당신은 지하실에 있습니다. 지하실에도 삼층이 있습니다. 바로 지옥·아귀·축생인데 어두컴컴하여 아무런 경관도 볼 수 없습니다.

5) 경문의 증거

앞에서 우리는 염불이 많은 선근이라고 분명하게 말씀드렸지만, 그래도 불법에서는 '성언량(聖言量: 성인의 말씀을 통해 알 수 있는 일)'을 중히 여깁니다. 다시 말해 성인께서 말씀하신 언교言敎를 근거로 삼아야 한다는 것입니다. 부처님의 경전과 조사스님들의 해석을 근거로 하지 않는다면 당신의 말이 아무리 일리가 있어도 그것은 단지 자신의 일방적인 주장일 뿐입니다. 다음에서 우리는 경문과 조사의 해석을 근거로 삼아 염불이 많은 선근이고, 그 외의 온갖 수행들은 염불과 비교하면 모두 적은 선근에 속한다는 것을 증명하도록 하겠습니다.

먼저 열 가지 경문을 열거해보겠습니다.

(1)『아미타경』

우선은 『아미타경』입니다. 『아미타경』에서 먼저 설하기를,

적은 선근과 복덕의 인연으로 저 나라에 왕생할 수 없느
니라.

不可以少善根福德因緣得生彼國.

라고 하셨는데, 어떤 것이 적은 선근인가에 대해 설명하지 않
았습니다. 그러나 그 다음에 곧바로

아미타불에 대한 설법을 듣고 명호를 집지하여

聞說阿彌陀佛, 執持名號.

라고 설하셨으므로, 이렇게만 하면 왕생할 수 있다는 것입니
다! 명호만 집지하면 왕생할 수 있다는 것은 이것이 바로 많
은 선근임을 설명합니다. 왜냐하면 적은 선근과 복덕으로는
왕생할 수가 없고 오직 많은 선근이야만 왕생할 수 있는데, 많
은 선근과 복덕에 대해 '명호를 집지하면 바로 왕생한다'고 설
했기 때문에 '많은 선근과 복덕은 염불에 있다'고 말한 것이며,
계정혜 삼학과 육바라밀 같은 것은 전부 언급하지 않은 것입
니다. 이것이 『아미타경』의 위아래 경문의 순서이므로 이치가
그렇습니다.

(2) 이역본 『아미타경』

『아미타경』에는 두 가지 번역본이 있는데, 일반적으로 사용하고 있는 것은 구마라집대사께서 번역하신 것으로서 바로 『불설아미타경』입니다. 이 외에 또 하나의 번역본이 바로 현장대사께서 번역하신 『칭찬정토불섭수경稱讚淨土佛攝受經』입니다. 이 경전에서는 『아미타경』 중에 '아미타불에 대한 설법을 듣고'와 대응하는 부분에서 다음과 같이 번역하셨습니다.

무량수불의 무량무변하고 불가사의한 공덕 명호를 듣고서
得聞如是無量壽佛, 無量無邊, 不可思議, 功德名號.

명호 앞에다 열 자를 더하여 묘사한 것인데, '무량무변하고 불가사의한 공덕'이야말로 '많은 선근과 복덕' 아니겠습니까? 얼마나 많은지 이미 숫자로써 형용하고 표시할 수 없어서 '무량, 무변, 불가사의'라는 단어를 사용하여 설명하신 것입니다. 따라서 명호 자체가 바로 많은 선근과 복덕이며, 수승하고 초월적이고 절대적인 선근과 복덕입니다.

(3) 범어본 『아미타경』

현재 발견된 『아미타경』의 범어 원본에서 '적은 선근과 복덕의 인연으로 저 나라에 왕생할 수 없느니라'는 이 구절에 대해, 만약 직역을 한다면 어떻게 번역될까요?

> 중생이 이 세상에서 지은 선행으로 인해 저 나라에 왕생할
> 수 있는 것은 아니니라.
> 衆生不因此世所做善行得生彼國.

다시 말해 중생들이 이 세상에서 지은 갖가지 선행들은 모두 '적은 선근과 복덕'이어서 이것을 의지해서는 왕생할 수 없다는 것입니다.

경문에서는 분명하게 설명하고 있습니다. 오직 육자명호만이 무량무변하고 불가사의한 공덕이며, 우리 중생들이 이 세상에서 지은 선행들은 모두 적은 선근과 복덕의 인연에 속하므로 왕생할 수 없다는 것입니다. 우리가 아무리 노력을 하더라도 우리가 지은 것들을 가지고 육자명호와 비교를 한다면 모두 적은 선근과 복덕에 속한다는 것이지요.

강궁의 비유

실제로 우리들은 육자명호와 비교할 자격이 없습니다. 우리가 지은 것들은 기껏해야 오계와 십선입니다. 오계와 십선의 선근복덕은 우리로 하여금 인천의 과보를 받도록 해줍니다. 오계와 십선의 선근복덕으로는 아라한조차 될 수가 없는데, 하

물며 성불이겠습니까?

이는 마치 활과 화살과 같으니, 활의 힘은 각각 다릅니다. 예컨대 오계와 십선이 바로 한 개의 활이라면 우리 모든 중생들은 바로 그 활시위에 재워진 하나의 화살입니다. 그럼 오계 십선이라는 활시위를 한껏 당겼다가 놓아버리면 '획―' 하고 어디로 날아갑니까? 기껏해야 인도人道 혹은 천도天道이겠지요. 천도에 도착한 뒤에 힘이 다하면 또 '획―' 하고 떨어지게 되므로, 당신은 여전히 삼계의 인력 범위 내에 있습니다. 마치 지구의 위성처럼 아직 지구의 인력을 벗어나지 못하고 여전히 지구의 인력 범위 내에 있는 것과 같습니다. 오계 십선의 힘, 이 활의 힘으로는 우리를 인간과 천상의 세계로 보낼 뿐, 아라한의 경계까지 보낼 순 없습니다. 만약에 아라한·벽지불의 경계를 얻으려 한다면 반드시 사성제·십이인연법을 닦아야만 이 활의 힘이 매우 커서 '획―' 하고 삼계를 벗어나 아라한·벽지불의 궤도에 도달할 수 있습니다. 그러나 보살의 궤도와는 아직 거리가 매우 멀어서 반드시 더욱 큰 힘을 가진 강궁强弓을 사용해야 하므로, 대보리심을 일으켜 세세생생 수행을 해야 합니다. 그래서 '쌩―' 하고 쏘면 보살의 궤도에 도달하게 되지요.

우리 염불하는 사람들이 다들 알아야 할 것은, 우리에게도 모두 강궁 하나가 있다는 것입니다. 우리의 이 활은 이미 오계 십선이 아니라 나무아미타불이라는 강궁입니다. 이 활의 힘은 너무나 강력하여 '제불 중의 왕이요, 광명 중의 극존(諸佛中之王, 光明中之極尊)'이며, '위신공덕이 불가사의(威神功德不可思議)'한데, 이 활이 바로 육자명호입니다. 우리 중생들은 바로 육자명호라는 이 활시위에 얹어진 화살이고, 우리가 염불을 하는 것은 바로 활시위를 당기는 것이며, 아미타불께서는 바로 강궁수입니다. 우리들의 이 화살이 비록 사바세계에 있지만 아미타불께서 육자명호의 강궁에 재워서 '휙–' 하고 쏘아버리면 인도를 초월하고, 천도를 초월하고, 삼계를 초월하고, 아라한을 초월하고, 초지 이전의 작은 보살들을 초월하고, 초지 이상의 대보살들을 초월하고, 십지등각보살을 초월하여 곧장 불과를 향해 날아갑니다. 따라서 '한 번의 칭념으로 십지를 초월함에 놀라지 말라'는 말이 있듯이, 화살을 쏘고 나서 어떻게 십지보살을 초월할 것인가에 대해 걱정할 필요가 없습니다. 화살이 어디로 날아갈까요? 여러분들은 어디로 날아갈 건지 아십니까? 이 화살은 십만 억 불국토 밖으로 날아가서 곧바로 아미타불의 좌대 옆까지 갑니다.

만약에 육자명호의 활에 의지하지 않는다면, 오계 십선으로는 기껏해야 하늘로 올라갔다가 다시 떨어지게 됩니다. 따라서 서방에 왕생하려면 반드시 육자명호를 의지해야 하며, 육자명호야말로 많은 선근과 복덕으로서 모든 법문과 부처님의 가르침, 온갖 수행의 공덕을 그 속에 포함할 수 있습니다.

물에 빠지는 비유

범어본의 경문은 실제로 하나의 비유를 통해 서로 증명을 하면서 설명할 수 있습니다. 예컨대 우리가 물속에 빠졌습니다. 그럼 물어보겠습니다. 우리가 곧 가라앉으려 할 때, 우리가 물속에서 자란 수초를 잡는다면 언덕 위로 올라갈 수 있을까요? 없습니다. 수초는 본래부터 물속에서 자란 것입니다. 물속에 있는 돌을 붙잡으면 언덕 위로 올라갈 수 있을까요? 역시 안 됩니다.

물속에 있는 물건들은 영원히 우리로 하여금 물속에 있도록 만듭니다. 언덕 위로 올라가려면 반드시 언덕으로부터 뻗어 나온 물건을 잡아야 합니다. 만약에 언덕 위에서 온 대나무 장대를 잡는다거나 혹은 구명튜브를 잡고서 언덕 위의 사람이 잡아당겨주면 당신을 언덕 위로 끌어낼 수 있겠지요.

우리는 생사의 고해 가운데서 온갖 수행을 하고 있는데, 눈으로 보고 귀로 듣고…… 육근이 상대하는 경계들은 전부 삼계 내의 것들이고, 전부 생사고해에서 자란 수초와 같은 물건들이며, 전부 윤회하게 만드는 인과들이기 때문에 우리로 하여금 삼계의 고해를 벗어나도록 해줄 수 없습니다.

아미타불의 육자명호는 마치 극락의 열반피안에서 우리의 고해 속으로 내민 하나의 긴 대나무 장대와 같아서, 당신이 이 장대를 잡고 아미타불께서 당겨주신다면 바로 올라갈 수 있습니다!

만약에 당신이 언덕 위에서 내려온 장대나 구명튜브를 잡지 않고 스스로 물속에서 이것저것 마구 잡다가 "아, 옆에 있는 지푸라기 하나 잡았다"라고 말하더라도 여전히 물속에 있을 뿐입니다.

우리 스스로 지은 모든 것들은 전부 우리로 하여금 더욱 깊이 이 세계에 뿌리를 내리도록 합니다. 그런 까닭에 범어본의 경전에서 비로소 "중생들이 이 세상에서 지은 선행으로 인해 저 나라에 왕생할 수 있는 것은 아니다"라고 설하신 것입니다. 그러므로 마땅히 저 부처님의 육자명호, 아미타불께서 극락세계로부터 대광명을 놓아 우리들을 구제하기 위해 펼쳐주시는 육자명호의 공덕에 의지하여 서방극락세계에 왕생해야 할 것입니다.

(4) 『무량수경』

우리가 이 세상에서 지은 선행으로 왕생할 수 없다면, 그럼 무엇을 의지해서 왕생해야 할까요? 『무량수경』에서 말씀하셨습니다.

중생들을 위해 법장을 열어 널리 공덕의 보배를 베풀어주
신다.
爲衆開法藏, 廣施功德寶.

또 설하기를,

모든 중생들로 하여금 공덕을 성취케 하신다.
令諸衆生, 功德成就.

라고 하시고, 또 설하기를,

저 부처님의 명호를 듣고
뛸 듯이 기뻐하며 내지 한 번만이라도 염한다면
이 사람이 큰 이익을 얻고
위없는 공덕을 갖추게 됨을 마땅히 알아라.
其有得聞, 彼佛名號, 歡喜踊躍, 乃至一念,
當知此人, 爲得大利, 則是具足, 無上功德.

라고 하셨습니다.

요 몇 단락의 경문을 한곳에다 모아놓으면 아주 분명하게
알 수 있는데, 아미타불께서 우리에게 육자명호의 공덕을 널

리 두루 보시해주셔서 우리와 같이 공덕이 없는 사람들도 공덕을 성취하게 해주시고, 더 나아가 위없는 공덕을 구족하게 해주십니다.

아미타불께서는 우리들이 죄업을 짓고 출리의 기연이 없어서 육도윤회로부터 벗어날 방법이 없으며, 공덕의 법재法財가 없다는 것을 가엾이 여기시어 우리들을 위해 불법의 보물창고를 열어 보편적이고 평등하게 우리에게 공덕의 보물을 보시해주십니다. 그런 까닭에 "중생들을 위해 법장을 열어 널리 공덕의 보물을 베풀어주신다"라고 말씀하신 것입니다. 여기서 '중생'은 시방세계의 고뇌하는 중생을 말합니다.

여러분께 묻겠습니다. 아미타불께서 주시는 공덕의 보물을 받으셨나요?

【대중: 받았습니다!】

아미타불께서 '널리 공덕의 보물을 베풀어 주시는데, 만약에 당신이 받지 못하였다면 아미타불을 탓해서는 안 됩니다. 아미타불께서는 "나는 너희에게 주었다"고 말씀하십니다. '널리 베풀어 주셨기에' 한 명도 빠뜨리지 않으십니다.

그럼 아미타불께서 주시는 공덕의 보물은 무엇입니까?

【대중: 육자명호입니다!】

그렇습니다. 바로 '나무아미타불'입니다.

또 '모든 중생들로 하여금 공덕을 성취케 한다'고 하셨는데, 우리에게는 공덕이 없습니다. 우리는 공덕을 바라고 있고, 우리는 자신이 공덕을 성취하기를 바라고 있으며, 우리는 '내가 이렇게 수행하고 저렇게 수행해봤지만 깨닫지 못하고 제법실상을 깨달아 들어가지 못했으니, 기껏해야 유루의 인천선법 人天善法에 불과한데 이를 어찌할까?' 하며 걱정하고 있습니다. 그래서 『무량수경』에서 설하시길, 아미타불께서 조재영겁 동안 수행하신 것은 "중생들로 하여금 공덕을 성취케 하려는 것", 즉 우리들로 하여금 공덕을 성취케 하려는 것이라고 하셨지요.

수표의 비유

이는 마치 아버지가 아들을 키우는데, 아들이 아직 어리기 때문에 그가 편안하고 즐겁게 생활할 수 있도록 하기 위해 고생을 해가며 피땀 흘려 노동을 해서 자신이 번 모든 재산을 최후에 예금통장에 모두 넣고서 "나의 아들아, 이것을 너에게 주겠다" 하며 아들로 하여금 당신의 재산을 물려받도록 하는 것과 같습니다. 부모의 마음이 바로 이렇습니다. 자녀를 위해서라면 무엇이든 할 수 있는데, 특히 자녀가 아직 어리다면 그들을 위해 세심한 고려가 있어야 하겠지요.

아버지가 돌아가시기 직전에 "아들아! 나는 이제 가야 한다. 이 작은 종이가 바로 내가 평생 모은 재산인데, 여기에 백억이 들어 있다. 너에게 줄 테니 이것을 가지고 잘 살거라"고 말합니다.

이 어린 아들이 예금 수표를 꺼내서 봅니다. "아버지는 이것이 백억이라 하셨는데, 이것은 종이 한 장이잖아! 이 종이는 지금 내가 배가 고픈데 나를 배부르게 할 수 있는 고구마 하나만 못하구나." 그는 이 한 장의 수표가 백억의 재산이라는 사실을 모르기 때문에 아주 가볍게 이 수표를 한쪽에다 던져버렸습니다. 그렇다면 아깝습니까, 아깝지 않습니까?

【대중: 아깝습니다!】

너무 아깝습니다. 이것이 바로 눈이 있으면서도 귀한 보물을 알아보지 못하는 것입니다.

아미타불이 바로 우리들의 자비하신 아버지이십니다. 그분께서는 오겁 동안의 사유와 조재영겁 동안의 수행을 거쳐 당신이 모으신 모든 공덕을 육자명호의 예금통장 속에 농축해 두셨지요. 이 육자명호는 마치 예금통장과 같고 한 장의 수표와 같으므로 당신은 그것을 얕보지 말아야 합니다.

우리에게 지혜가 없기에 아미타불께서 당신의 육자명호, 위없는 공덕의 결정체를 우리에게 보시해주심으로써 우리로 하여금 공덕을 성취하도록 한 것입니다. 그런데 우리는 부처님 명호를 조금 부르고 나서 한쪽에 내려놓고는 "아이고, 이 육자명호는 딱딱하고 허전해서 내가 경전 한 부를 독송하거나 또는 무엇을 닦는 것만큼 재미가 없구나!"라고 말합니다. 이는 마치 비유 중의 그 아들이 지혜가 열리지 않아 단지 고구마만 알 뿐, 백억이 들어 있는 수표를 모르는 것과 같습니다. 우리 역시 마찬가지입니다. "보세요, 제가 어떤 공덕을 지었는데, 제가 볼 수가 있습니다. 제가 두꺼운 경전 한 권을 독송하였는데, 이 얼마나 진실합니까! 한 구절 나무아미타불 여섯 글자는 한 번 읽고 나면 없잖아요!" 이것은 우리가 무엇이 진실한 공덕인지를 모르고 있기 때문입니다.

이 비유가 여러분들로 하여금 육자명호를 소중히 여기고, 이른바 '이 하나의 행을 귀중히 여기어(寶此一行)' 다시는 포기하지 않고 다시는 버리지 않기를 바랍니다. 아미타불 아버지께서 그렇게 고생해서 닦은 육자명호를 우리에게 주셨는데, 결국 우리는 모두 대수롭지 않게 생각하여 육자명호를 다른 것들과 비교를 하면서 "이 육자명호도 좋기는 하지만 만약에 내가 보시·지계·정좌·참법 등의 여러 가지 수행을 한다면, 이런 공덕들도 아마 큰 차이는 없을 거야!"라고 말하는데, 그런 것들은 모두 아주 작은 공덕이므로 기껏해야 사탕 한 개·고구마 한 개·사과 한 개와 같습니다. 따라서 백천만억의 수표로도 비유할 수 없는 이 한 구절 육자명호와는 비교할 수가 없습니다.

단돈 일원으로 빌딩을 사는 비유

얘기가 여기에 이르러 여러분들에게 질문 하나 하겠습니다. 어느 날 우리가 물건을 사러 거리에 나갔다가 평소와 다른 상황을 만나게 되었습니다. 평소에 물건을 살 때는 항상 값을 흥정하였는데, 이 날은 단돈 일원을 꺼냈지만 뜻밖에 빌딩 전체를 사게 되어 너무나 기뻤습니다. "아, 오늘 돈 벌었다. 오늘 단돈 일원으로 빌딩 한 채를 샀으니 말이다……." 이런 일이 있을 수 있겠습니까? 없습니다!

만약에 정말로 이런 일이 있었다면 틀림없이 빌딩 주인이 적극적으로 당신에서 준 것일 겁니다. 즉 단돈 일원으로는 빌딩 한 채를 살 수 없음에도 뜻밖에 샀다면, 그것은 상대방이 당신에게 주려는 것이었음을 의미합니다. 그러나 당신에게 공짜로 주면 당신이 감히 받지 못할까봐 염려하여 가격을 정하여 당신에게 판 것이지요. 그러면 당신의 마음도 위안이 될 테니까요. "이것은 내가 돈 주고 산 것이야!"라고 말입니다.

많은 사람들이 서방극락세계에 왕생하려 하는데, 서방극락세계의 과보는 무엇입니까? 성불입니다. 우리가 매일 십만 번씩 절을 하며 백년을 하더라도, 이러한 고행을 가지고 성불의 인행因行과 비교를 한다면 당신의 가치는 일원입니다. 그렇다 면 성불이란 그야말로 빌딩 한 채의 값어치를 훨씬 넘겠지요.

어떤 사람이 말합니다. "저는 오계와 십선을 닦아서 그 공덕 을 회향하여 왕생을 구합니다." 그렇습니다. 오계 십선과 같은 온갖 수행을 회향하여 왕생을 구하면 역시 왕생할 수 있습니 다. 그러나 이러한 왕생은 당신의 오계 십선의 힘에 의지한 것 이 아닙니다. 왜냐하면 우리가 닦은 오계와 십선은 기껏해야 우리로 하여금 인천의 과보를 얻게 할 뿐인데, 뜻밖에도 이 오 계 십선을 가지고 성불의 과보로 바꿀 수 있었기 때문입니다! 다시 말해 방금 말씀드린 것처럼 단돈 일원을 가지고 빌딩 한 채를 바꾼 것인데, 당신은 정말로 당신이 산 것이라 생각해서 는 안 됩니다. 이것은 상대방이 당신에게 공짜로 준 것입니다.

아미타불께서는 본래부터 당신의 무량한 공덕을 무상으로 우리들에게 주시려 하지만, 우리의 포부가 옹졸하여 감히 당 장에 받아들이지 못했던 것입니다. 그래서 아미타불께서 말씀 하시기를, "너희가 받아들일 수 없다면 내가 너희에게 팔겠다" 고 하신 것이지요. 우리에게 팔려고 하는데 우리가 살 형편이 못된다면 어떡해야 합니까? "그럼 가격을 낮춰서 너희에게 팔겠다”고 말씀하십니다. 얼마에 팝니까? 단돈 일원입니다. 본래 아미타불께서는 “너희가 왕생을 하고 싶으면 단지 명호만 부르면 된다. 너희에게 줄 테니, 반드시 왕생할 수 있다!”고 하셨지만, 우리는 감히 믿을 수가 없었습니다. 그래서 아미타불께서 또 말씀하십니다. “그럼 너희가 수행을 해서 수행공덕을 회향하라.”(곧 당신에게 팔겠다는 것) 무슨 수행을 해야 할까요? “너희가 어떻게 수행하든 상관없다. 오계든 십선이든, 경전을 독송하든 다라니를 외우든 모두 괜찮으니까 회향을 하여 왕생 발원만 하면 된다”라고 말씀하십니다. 그런데 우리는 도리어 ‘왕생은 내가 수행을 해서 얻은 것이다’라고 여기는데, 우리들의 이 작은 인[因]으로 어떻게 그처럼 큰 과果를 감득할 수 있겠습니까?

그것은 아미타불께서 ‘중생을 위해 법장을 열어 널리 공덕의 보물을 베풀어 주시려고’ 우리에게 보시를 해주신 것이기 때문입니다.

궁자의 비유

『법화경』에 ‘궁자(빈궁한 자식)의 비유(窮子喩)’가 있는데, 방금 제가 말씀드린 이 예를 아주 잘 설명하고 있습니다.

대부장자大富長者 한 분이 계셨는데, 그의 외동아들이 어려서부터 집을 나가 헤어지게 되었지요. 시간이 흘러 대부장자의 연세가 많아졌는데 더 넓은 장원莊園과 풍부한 재산을 가졌음에도 후계자를 찾을 수 없었습니다. 그래서 그는 생각을 합니다. '나는 이미 연로하여 머지않아 곧 떠나야 할 텐데 꼭 아들을 찾아야겠다!' 그는 매우 수고롭게 도처에 아들을 찾아 나섰지요.

다시 이 아들을 말하자면, 어려서부터 대부장자를 떠나 바깥에서 떠돌아다니면서 노숙자 생활을 하다 보니 사람들로부터 업신여김을 당하고 풍찬노숙을 하며 몸을 제대로 가릴 옷도 없이 궁핍하게 살고 있었습니다. 그는 어떻게 살았을까요? 기껏해야 일용직이나 머슴살이와 같은 하천한 일을 하며 하루하루를 보내면서 한 끼를 먹으면 한 끼를 굶어야만 하는 생활을 했습니다.

하루는 이 아들이 여기저기 떠돌다가 마침내 대부장자의 대문 앞에 이르러 이 장원을 보고는 "와! 엄청나게 넓구나!" 하며 감탄을 합니다. 대문 밖에서 안으로 머리를 들어보니 그 안에 매우 위엄 있게 생긴 장자 한 분이 앉아 있었는데, 그 옆에 수많은 시종들이 있고 사람들이 끊임없이 오가며 수레와 말들이 꼬리를 물고 다녔으니, 그 풍채가 마치 국왕과도 같았습니다. 그러나 이 아들은 오로지 노숙자 생활에 익숙한 탓에 이처럼 호화롭고 위세가 넘치는 곳에 오니까 마음이 편치가 않았습니다. '아이고! 안 돼, 여기는 나 같은 사람이 일자리를 찾을 수 있는 곳이 아니야, 여기서 오래 머물면 안 될 거야. 오래 머물다간 혹 누가 나를 잡아서 핍박하고 죄를 물을 수도 있어. 내가 빨리 이곳을 떠나 빈궁한 시골이나 가서 일자리를 찾아야겠다.' 이렇게 생각한 그는 잽싸게 달아났습니다. 이때 마침 그의 아버지(대부장자가 그의 아버지)가 안에서 고개를 들자마자 그를 발견하고는 바로 알아봤습니다. '저 사람은 나의 아들이 아닌가? 내가 고생을 하며 도처에서 찾던 바로 그 아들이다!' 그래서 바로 사람을 부릅니다. "빨리, 빨리 저 사람을 잡아오너라. 도망가게 해서는 안 된다."

시위侍衛들이 대부장자의 명령을 받고서 단걸음에 달려갑니다. 그들은 키도 크고 건장하게 생겼으며, 용감하고 힘도 세고 옷차림도 아주 화려하고 기백이 넘쳤습니다. 아들도 마침 이곳은 오래 머물러서는 안 될 것이라고 의심하고 있었는데, 과연 그곳에서 우람한 체격을 가진 두 사나이가 나오는 것을 보고는 "앗! 큰일 났다! 나를 잡으러 왔어"라고 소리 지르며 잽싸게 달아납니다. 그러나 도망을 갈수록 뒤에서 더욱 바싹 쫓아와서 결국 그를 붙잡아 강제로 끌고 갔지요. 이때 아들은 두렵고 걱정되고 긴장한 나머지 그만 기절을 해버립니다.

대부장자가 보고는 생각을 했지요. '큰일 났구나! 내 아들은 틀림없이 이런 위엄 있는 기세에 놀랐을 것이다. 그의 심량心

量이 아직 성숙하지 않았구나.' 그래서 시위에게 말합니다. "찬물을 끼얹어서 그를 깨워라. 그리고 깨어난 후에는 그를 보내주어라."

정말로 그를 보내주려는 걸까요? 대부장자는 그를 보낼 수가 없습니다! 수십 년 만에 찾은 아들을 어떻게 보냅니까? 그는 또 방법을 생각해야 했지요.

그는 다시 그다지 우람하지도 사납지도 않게 생기고, 다 헤어진 옷을 입고 다니는 두 사람을 찾아서 당부합니다. "너희 둘이서 그를 미행하여 뒤를 쫓아가거라." 이 두 사람의 모습은, 보기엔 궁자와 비슷하여 거지와 같았는데 비실거리며 쫓아갔습니다.

끼리끼리 모인다는 말이 있듯이 거지와 거지가 만나서 얘기를 나눕니다.

"자네는 어떻게 밥을 빌어먹나?"

"나는 이렇게 빌어먹지……."

"자네는 어떻게 일을 하나?"

"나는 이렇게 일을 하네……." 서로 얘기를 나누다 보니 아주 친해졌습니다.

이 두 사람이 그에게 말합니다.

"사실 자네는 이렇게 고생할 필요가 없네. 우리가 일을 하는 그곳 주인은 아주 자비로운 분이셔서 하루를 일하면 다른 곳의 이틀 치 임금을 주시거든!”

“그렇게 좋은 곳이 있다니! 그럼 나도 가면 안 될까?”

“자네도 갈 수 있어!”

“그런데 난 아무 것도 할 줄 아는 게 없어! 나는 글을 몰라서 지식이 필요한 일이라면 다 할 줄 모른단 말이야!”

“그럼 넌 청소를 하면 되지. 변소 청소 말이야.”

“그건 내가 할 수 있어!” 노숙자 생활을 하던 사람이어서 그런 일에 전문이었으니까요.

이렇게 해서 이 두 사람은 그를 대부장자의 장원으로 데려와 뒷문으로 돌아서 들어갑니다.(정문은 너무나 화려하기 때문에요) 들어온 뒤에 그는 무슨 일을 할까요? 매일매일 변을 치우는 일을 했습니다. 그 일을 하면서 마음이 아주 편안했습니다. 그는 이렇게 생각했지요. ‘이 일은 나의 신분에 딱 맞는구나, 내가 바로 변소 청소하는 사람이니까.’

그는 평생토록 이렇게 행복했던 적이 없었습니다. 생활도 안정되고 먹고 마실 것에 대해 걱정할 필요도 없으며 머물 곳도 있으니 말입니다. 그래서 그는 매우 안심하고 지냈으며 있는 힘을 다해 일을 했습니다.

그러나 매일 거기서 변을 치우고 있는 아들을 보고 있자니 장자의 마음은 즐겁지가 않았지요. ‘내 아들이 어떻게 이런 천

한 일을 한단 말인가?' 그들 부자는 아직 알아보지 못했고(아들이 아직 아버지를 알아보지 못합니다), 재산도 아직 물려주지 못했으니까요! 그래서 대부장자는 아들에게 접근할 방법을 생각합니다. 어떤 방법을 생각했을까요? 그는 자신이 입고 있던 화려한 복장을 벗어놓고 거친 천으로 만든 허름한 옷(밭에서 일을 하거나 변을 치울 때 입는 옷)으로 갈아입습니다. 그리고는 또 변을 치우는 도구를 들고 아들과 함께 변을 치우면서 상냥한 얼굴로 안부를 묻고 일상적인 대화를 나누며 생활 형편을 살뜰히 보살펴주었지요.

빈궁한 아들은 한평생 부모의 사랑을 받지 못하다가, 이런 장자를 만나서 자신에게 이처럼 자비롭고 관심을 갖고 아껴주시는 것을 보고는 대단히 감동을 하게 됩니다. '아, 이렇게 좋은 사람이 있다니!' 그는 이때까지도 장자가 바로 자신의 아버지임을 몰랐으며, 장자 역시 말할 수가 없었습니다.

시간이 지나 서로 친숙해져서 아주 친근하게 느껴졌을 때, 장자는 살짝 자신의 신분을 드러냅니다. "자네를 속이지 않겠다. 내가 바로 이 장원의 주인일세!"

이 말을 들은 아들은 깜짝 놀라서 '어르신!' 하고 부릅니다.(보세요. 자신의 부친을 '어르신'이라 부릅니다.) 이 말을 들은 대부장자는 마음이 매우 괴롭습니다. '내가 너의 아버지인데 나를 어르신이라 부르다니!' 그는 궁자에게 말했지요. "내가 보니까 자네가 내 장원에 온 뒤에 사람이 매우 성실하고 본분도 잘 지키고 일을 하는데도 힘을 아끼지 않았네. 이렇게 하면 어떨까? 자네가 나의 양아들이 되어주게나. 나는 나이도 많고 아들도 없으니 자네를 나의 아들로 삼으면 좋겠네. 나를 도와 일도 좀 해줄 수 있으니 거절하지 말게나.”

이렇게 일개 거지가 갑자기 대부장자의 총애를 받아서 장자를 양아버지로 모시게 되었으니 매우 영광스럽게 생각하였지요. 그는 이 분이 자신의 친아버지임을 모르고서 친아버지를 양아버지로 모시면서도 영광스럽게 생각했던 것입니다.

좋습니다. 이야기를 계속해 나가겠습니다. 또 한동안 시간이 지나서 대부장자는 천천히 그를 가르치기 시작하였지요. 회계와 출납, 그리고 재무관리를 가르치기 시작합니다. “내가 너를 아들로 삼은 이상, 우리는 서로 외인이 아니니, 여기에 있는 모든 것을 네가 전부 관리하도록 하거라.” 그리하여 일꾼들을 파견하고 재물이 들어오고 나가는 것을 전부 그가 책임지도록 하였습니다.

아들은 있는 힘을 다해 열심히 일을 합니다. ‘오늘 수입은 얼마이고, 지출은 얼마……’ 그러나 그는 아직도 임시로 세운 가건물 속에서 살고 있고 매일 자신 몫의 임금을 받으며, 밤에 장부정리를 하면서도 “이것은 주인님의 몫, 그분 것이다. 나

자신의 몫은 십원이다"라고 생각합니다.

이렇게 또 한동안 시간이 지나서 대부장자가 보니 궁자(즉 자신의 아들)의 포부도 점점 높아졌고 심량도 점점 넓어졌으며 능력도 점점 갖춰지게 되었지요. 이때 아버지는 그들이 부자관계임을 선포하려고 준비를 합니다.

이 날 그는 국왕과 대신, 그리고 유명 인사들을 전부 초청하여 '뉴스발표회'를 열어 부자관계임을 확인시킵니다. "여기까지 오시느라 수고하신 여러분에게 드릴 말씀이 있습니다. 저는 이미 늙었습니다. 저희 아들을 어느 해에 잃어버렸는데……" 궁자가 들을수록 자신을 말하는 것 같았습니다. 장자는 처음부터 차근차근 말씀하시면서 천천히 인도를 합니다. "현재 저는 아들을 찾았습니다. 내 아들이 누구냐면 바로 저 사람입니다." 장자는 자신의 아들을 가리키며 말합니다. "이제 나의 모든 재산을 전부 그에게 주어서 그가 관리하도록 하겠습니다."

아들은 이때서야 알았지요. 알고 보니 자기를 그렇게 자비롭게 대하시던 사람이 남이 아니라 바로 자신의 아버지였음을!

그래서 『법화경』에는 다음과 같은 네 구절 말씀이 있습니다.

나는 본래 아무것도 바라는 마음이 없었건만
지금 이 보물창고에 저절로 들어왔도다.
我本無心, 有所希求. 今此寶藏, 自然而至.

또 말씀하시기를,

한량없는 진귀한 보물들을 구하지 않아도 저절로 얻게 되
었네.
오늘에서야 정말로 부처님의 자식임을 알았도다.
無量珍寶, 不求自得. 而今乃知, 眞是佛子.

라고 하셨습니다.
  '나는 본래 내가 재물을 소유할 줄 몰랐는데(내가 이렇게 풍
성한 공덕을 얻을 수 있을 줄 몰랐는데), 한량없는 보물창고가 어
떻게 갑자기 나에게로 와서 하룻밤 사이에 호화롭고 부귀한
몸이 되었단 말인가! 오늘에서야 내가 진정으로 부처님의 자
식임을 알게 되었구나!'

  이야기는 여기까지 말씀드리겠습니다. 다음은 이 이야기를
가지고 한번 해석을 해보겠습니다.
  대부장자는 어느 분이십니까?

【대중: 아미타부처님이십니다!】

그렇습니다! 아미타부처님이십니다. 거지는 누구입니까?

【대중: 우리 중생들입니다!】

그렇습니다! 우리는 시작 없는 옛적부터 본성을 잃고서 아미타불의 열반성涅槃城 밖에서 유랑을 하고 있었습니다. 아미타불께서는 우리를 보셨을 때 바로 당신의 육자명호의 공덕을 우리에게 보시해주시려고 말씀하셨지요. "중생들아! 나의 외동아들아, 내가 극락세계를 전부 너희에게 줄 테니 너희는 그냥 그렇게 오면 된다! 나의 정토로 왕생하거라!"

우리는 깜짝 놀랍니다. "제가 무슨 자격으로 극락세계에 갑니까?" 우리는 용기가 없어서 달아납니다. 아미타불로부터 멀리 도망을 갑니다.

이때 아미타불께서는 기타 여러 가지 법문으로 우리들을 성숙시키시는데, 우리로 하여금 수행을 하여 그 공덕을 회향하여 왕생을 구하도록 하셨습니다. 즉 자력으로 힘들게 노력하여 변을 치우는 일을 하는 것이지요. 변을 치운다는 것은 바로 우리 마음속의 더러운 때를 제거한다는 것입니다. 궁자, 즉 빈궁한 아들이 변을 치우는 일을 해야만 비로소 대부장자의 장원에 들어설 용기가 나듯이, 근기가 아직 성숙되지 않은 중생들은 여러 가지 법문을 닦아서 회향을 해야만 비로소 정토왕생을 구할 용기가 생깁니다.

아미타불께서는 우리가 이미 자력수행을 회향하여 왕생을 구하고 있는 것을 보시고는 또 다른 방법을 사용하여 우리들을 성숙시켜야 했지요. '너희들이 여러 가지 공덕을 닦아서 회향하는 것도 매우 좋기는 하나, 나의 명호를 부를 수도 있지 않은가!'

명호는 바로 아미타불의 모든 공덕법재功德法財가 저장된 보물창고입니다. 우리에게 칭명염불을 하도록 하는 것이 바로 모든 공덕을 우리에게 보시해주시려는 것이지만, 이때는 아직 사실대로 말씀해주실 수가 없었습니다. 이는 마치 대부장자가 궁자를 양아들로 삼고서 그에게 창고에 있는 재물들의 출납을 책임지도록 하였지만 사실 마음속으로는 이미 창고 전체의 보물을 그에게 맡긴 것과 같습니다. 그러나 아직 시기가 도래하지 않았기에 사실대로 말할 수가 없었고 궁자도 몰랐던 것이지요. 우리도 마찬가지입니다.

예컨대 우리가 매일 이 '나무아미타불' 육자명호를 부르면서도 우리는 이 육자명호 속의 모든 공덕이 바로 우리들 것인지를 모르고서 '내가 2만 번을 불렀으니 이 2만 번의 횟수만큼만 나의 것이고, 육자명호 속의 공덕은 아미타불의 것이다'라고 여깁니다. 마치 궁자가 이미 장원 안으로 들어가 매일매일 거기서 출납과 회계를 하면서도 자신의 손을 거친 이런 재물

들은 모두 대부장자의 것이고, 자신은 자신이 일한 하루만큼
의 임금만 가져가야 한다고 생각하면서, 그의 아버지가 장원
전체를 그에게 주시려는 것을 모르고 있는 것과 같습니다.

이렇게 해서 또 한동안 시간이 지나 시기가 무르익자 아미
타불께서 비로소 말씀하십니다. "너희가 지금 염불을 하는데,
너희는 본래 나의 자식이고, 극락세계는 너희의 소유이다." 이
렇게 전부 우리에게 주시는 것이지요. 우리는 이때서야 비로
소 기쁘게 받아들입니다.

아미타불께서는 당신의 극락국토 전체를 우리에게 보시해
주시려고 온갖 방법을 동원하여 우리들이 받아들이도록 하시
고, 우리로 하여금 온갖 법문 속에서 힘들게 수행하게 하여 천
천히 우리의 근기를 성숙시켜 주시는데, 우리는 그때서야 비
로소 육자명호의 공덕의 큰 보물을 받아들입니다.

근기가 성숙되었다

우리 모두가 염불의 법문을 믿고 착실하게 염불할 수 있었던
것은 이미 변을 치우는 작업을 거쳐서 대부장자가 뉴스발표회
를 여는 시점에 다다른 것과 같이 근기가 이미 성숙했다는 것
으로, 이는 많은 선근과 복덕이지 적은 선근과 복덕은 아닙니
다. 큰 선근이 없고 큰 복덕이 없는 사람은 결코 착실하게 이

명호를 부를 수가 없으니까요.

이는 마치 그 거지가 근기가 아직 성숙하지 않아, 결코 장원을 받아들일 용기가 나지 않기 때문에 도망을 가버리고 기절을 해버린 것과 같습니다.

세상 사람들을 한번 보세요. 당신이 어떤 사람에게 "아무개님, 염불하여 극락왕생하십시오!"라고 말하면,

"이봐요, 안 갑니다. 안 가요!"라고 대답할 겁니다.

불자들에게 말해보세요.

"염불하여 극락왕생하십시오!"

"잠깐만요! 저는 인천의 복을 구하렵니다!"

수행하여 해탈하려는 사람에게 말해보세요.

"염불하여 극락왕생하십시오!"

"제가 무슨 자격으로 극락세계를 갑니까?"

이는 마치 그 거지가 스스로 자신에게는 이 장원에 들어갈 자격이 없다고 여기는 것과 같습니다.

우리의 아버지는 '부처님 중의 왕이요, 광명 가운데 최고로 존귀하신 분'이십니다. 자비하신 아버지 아미타불(彌陀慈父)께서는 우리들처럼 도처에서 유랑하고, 고집스럽고 오만불손하며, 은혜를 배반하고 거역한 중생들을 구제해주시므로 우리 모두 부처님의 원력에 수순하고 부처님께 효순해야 합니다.

경전에서 설하시길, "부처님께 효순하는 것이 실로 큰 선이다"라고 하셨습니다.

서방에 왕생하는 것은 사람으로 태어나는 것보다 쉽다

염불왕생은 매우 자연스럽고 아주 간단합니다. 세상에서 첫 번째로 쉬운 일이 바로 염불하여 왕생하는 것이고, 두 번째로 쉬운 일이 바로 삼악도에 떨어지는 것입니다. 서방에 왕생하지 않으면 언젠가 반드시 삼악도에 떨어지게 되는데, 삼악도에 떨어지지 않는 이가 없을 정도입니다. 설사 금생에 당신에게 수행이 있어서 다음 생에 삼악도에 떨어지지 않더라도 다다음 생에는 반드시 삼악도에 떨어지게 되어 있습니다! 그런 까닭에 인광대사께서는 "서방에 왕생하는 것은 다음 생에 사람으로 태어나는 것보다 더욱 쉽다. 다음 생에 사람으로 태어나는 것은 서방에 왕생하는 것보다 더 어렵다"라고 말씀하신 것이지요.

그럼 왜 서방극락세계에 가서 성불하는 것은 쉽고, 다음 생에 사람으로 태어나는 것은 도리어 어려운 걸까요? 그 이유는 내생에 사람으로 태어나려면 우리가 오계를 닦은 공덕에 의지해야 하므로 자력에 의지해야 하는 반면에, 서방극락세계에 왕생하는 것은 불력에 의지하기 때문에 쉬운 것입니다. 극락 왕생에 대해 『무량수경』에 몇 구절 말씀이 있습니다.

그 나라에 가는 일은 어느 누구도 방해하지 않으며
저절로 이끌려서 가게 되느니라.
其國不逆違, 自然之所牽.

성불의 길에 오르게 되는 극락을
가기는 쉬워도 가는 사람이 없느니라.
升道無窮極, 易往而無人.

　왕생을 하기란 매우 쉽지만 결과적으로 왕생한 사람은 그리 많지 않다는 것이지요. 왜 그럴까요? 다들 믿지 못하기 때문입니다. 무엇을 '저절로 이끌려서 간다'고 말하는 걸까요? 자연스럽게 극락세계에 왕생하며 억지로 시키거나 인위적인 조작이 전혀 없다는 것으로, 우리가 나무아미타불 하고 칭념만 하면 단 한 사람도 왕생하지 못하는 이가 없다는 말입니다. 그러므로 당신이 '내가 이렇게 해서 왕생할 수 있을까?' 하며 걱정하고 두려워할 필요가 없습니다.

부목이 바다에 들어가는 비유

비유를 한다면, 우리가 나무 한 토막을 양자강 속에다 던져버리면 이 나무는 틀림없이 강물을 따라서 동해에 도달하게 될 겁니다. 그렇죠? 틀림없이 동해에 도달하게 될 겁니다. 도중에 누군가 건진다거나 또는 나뭇가지에 걸린 경우만 아니면요. 우리가 배를 타고 나무토막 뒤를 쫓아가면서 "그래, 네가 어디까지 가는지 보자! 동해까지 가는구나"라고 할 필요가 있겠습니까? 그럴 필요 없습니다! 나무는 자연스럽게 도착할 겁니다. 설사 눈에 보이지 않더라도 반드시 이렇게 될 거라는 것을 알 수 있습니다.

나무가 바로 우리들이고, 강물이 바로 염불하는 법문, 즉 나무아미타불 육자명호이며, 동해가 바로 극락보국極樂寶國입니다. 건져졌거나 걸렸다는 것은 바로 (수행에 한한다면) 잡행잡수를 말하지요. 우리가 오로지 나무아미타불을 부른다면 우리의 몸과 마음을 아미타불께 던져서 귀의하는 것과 같습니다. 그런 까닭에,

나무라는 말은 곧 귀명이요,
아미타불이란 말은 곧 그 행이다.
言南無者, 卽是歸命; 言阿彌陀佛者, 卽是其行.

라고 (선도대사께서) 말씀하신 것입니다. 우리가 아미타불께 귀명하여 일생 동안 오로지 염불하며 서방극락세계에 왕생하기를 발원한다면, 우리들 이 나무토막을 육자명호의 장강 속에다 던져버린 것과 같아서 어디에도 걸림 없이 자연스럽게

앞물결·뒷물결의 물결을 따라 앞으로 나아갈 것이며, 자연스럽게 극락정토에 돌아가게 되는데, 이것은 육자명호의 힘에 의해서입니다. 따라서 우리가 극락세계에 왕생하는 것은 아주 자연스럽게 아미타불의 원력에 이끌려서 가는 것으로서 이것을 '저절로 이끌려서 간다'고 말하는 것입니다.

먼 곳을 쉽게 도달하는 비유

집을 떠나 여행을 다닐 때, 때로는 만리 밖에 있는 장소를 도리어 백리 밖에 있는 장소보다 더 쉽게 도달하는 경우가 있습니다. 왜 그렇습니까? 교통수단이 다르기 때문이지요. 예를 들어 우리가 여기서 금문도金門島까지 가려는데 스스로 헤엄쳐서 가야 한다면 굉장히 어려울 겁니다. 그러나 태평양을 건너서 미국을 가는 것은 도리어 쉽습니다. 왜 그럴까요? 비행기를 타면 되니까요. 왜 그렇게 먼 곳은 도리어 쉽고, 이렇게 가까운 곳은 도리어 어렵습니까? 왜냐하면 우리가 의지하는 힘이 달라서이니 하나는 자신을 의지하고, 하나는 비행기를 의지하기 때문입니다. 자신을 의지했을 때 이런 능력이 없다면 매우 어려울 것이고, 비행기를 타면 비행기의 힘을 의지하기 때문에 아주 쉬운 것이지요.

우리가 십만억 불국토 밖에 있는 극락세계에 가는 게 도리어 쉬운 것은 우리가 육자명호의 비행기를 탔기 때문이고, 사람 또는 천상세계로 환생하는 것이 도리어 어려운 것은 자신의 힘에 의지해야 하기 때문입니다. 이로써 우러러 불력에 의지해야 함의 중요성을 알 수 있습니다.

명호의 공덕 보물

법장보살께서 아미타불이 되셨는데, 그분께서는 우리의 공덕을 성취시켜 주시려고 널리 공덕의 보물을 우리에게 베풀어 주십니다. 그럼 공덕의 보물은 어디에 있을까요? 『무량수경·유통분』에 나오는 이 단락의 경문에서 아주 분명하게 설명하셨지요.

저 부처님의 명호를 듣고서
뛸 듯이 기뻐하거나 내지 한 번만이라도 염念하는 이가 있다면
이 사람은 큰 이익을 얻고
위없는 공덕을 구족하게 됨을 마땅히 알아라.
其有得聞, 彼佛名號, 歡喜踴躍, 乃至一念,
當知此人, 爲得大利, 則是具足, 無上功德.

부처님께서는 미륵보살에게 일러주셨지요. "아미타불의 명호를 듣고서 뛸 듯이 기뻐하며 칭명염불을 하는 사람은 위없

는 공덕을 구족하게 되고, 아미타불께서 보시해주시는 공덕의 보물을 얻게 되느니라.” 따라서 아미타불의 공덕 보물이 바로 육자명호입니다.

뛸 듯이 기뻐함

“저 부처님의 명호를 듣고서(其有得聞, 彼佛名號)”란, 저 부처님 명호의 위신공덕이 불가사의하다는 것을 들은 사람이 ‘아! 육자명호에 이처럼 불가사의한 위신공덕이 있다니!’ 하면서 신순(信順: 믿고 따름)하고 귀앙(歸仰: 귀의하고 의지함)하게 되는 것을 말하지요.

“뛸 듯이 기뻐한다(歡喜踴躍)”, 왜 뛸 듯이 기뻐할까요? 당신에게 백만 원을 주면서 “왕생할 수 없다. 죽어서 삼악도에 갈 것이다”라고 말한다면 뛸 듯이 기뻐할 수 있을까요? 없습니다. 이른바 ‘뛸 듯이 기뻐함’이란 곧 ‘내가 결정코 생사해탈을 해서 불도를 성취할 수 있다. 내가 금생에 비록 가난뱅이어서 남들로부터 무시당하면서 살지만 일단 눈만 감으면 나는 바로 정토에 가서 성불할 것이다.” 이런 것을 뛸 듯이 기뻐한다고 말합니다. 왕생에 대해 결정적인 확신이 있다는 것이지요. 만약에 왕생이라는 이 일에 대해 우리가 두려워하며 ‘왕생할 수 있을까, 없을까? 만에 하나 왕생할 수 없으면 어떡하지? 삼악

도에 떨어지면 어떡하지?'라고 생각한다면 마음이 괴로워서
뛸 듯이 기뻐할 수 없습니다. '육자명호는 틀림없이 나를 구제
할 수 있다. 내가 육자명호만 칭념하면 반드시 극락세계에 왕
생할 수 있다'는 것을 아는 이런 마음이라야 '뛸 듯이 기뻐함'
이라 말할 수 있는 것입니다.

내지 한 번만이라도 염하면

"내지 한 번만이라도 염하면(乃至一念)"이란, 일념의 믿고 따
름과 염념의 칭명, '내지 일념'과 '내지 십념'은 모두 『무량수
경』에서 설하신 것인데, '일념'과 '십념'의 앞에 '내지'라는 두
글자가 붙은 것은 단지 일념·십념만이 아님을 나타냅니다. 우
리가 오늘 이 법문을 듣고서 만약에 수명이 더 남아 있다면 하
루·이레·일 년·십 년……, 만약에 당장에 수명이 끝나서 우
리가 열 번밖에 염불을 못하고 숨이 끊어진다면 열 번(十念)만
하고, 한 번만 염불하고 나서 숨이 끊어진다면 한 번(一念)만
염불해도 모두 왕생할 수 있으니, 이것이 바로 '내지 일념'의
뜻입니다.

칭명의 선근이 부처님과 같다

"마땅히 이 사람이 큰 이익을 얻게 됨을 알라(當知此人, 爲得大
利)"는, 아미타불의 명호를 듣고서 순순히 믿고(信順) 귀명하

며 뛸 듯이 기뻐하는 이 중생이 일념 사이에 '큰 이익을 얻게 됨'을 마땅히 알아야 한다는 겁니다. 성불하여 중생을 구제할 수 있는 이익을 '큰 이익'이라 부르는 것이고, '위없는 공덕을 구족하게 된다'는 것은 한 구절 명호 속에 위없는 공덕을 원만히 구족하고 있다는 말이지요.

아라한은 위가 있는 공덕으로, 위에는 아직 보살이 있습니다. 보살 역시 위가 있는 공덕으로, 위에는 부처님이 계십니다. 부처님은 원만해지셨기에 위없는 공덕이라 부르지요. 아미타불께서 당신의 위없는 공덕을 육자명호 속에 넣어서 우리로 하여금 '뛸 듯이 기뻐하며 내지 한 번만이라도 염한다면' 바로 위없는 공덕을 얻도록 해주셨지요. 그런 까닭에 우익대사께서 말씀하시기를,

범부중생이 아미타불의 명호를 칭념하면
선근복덕이 부처님과 다를 바 없다.
凡夫衆生稱念彌陀名號, 善根福德與佛無異

라고 하신 것입니다. 우리가 한 구절 명호를 부르면 우리의 선근과 복덕은 부처님과 똑같습니다. 왜 그럴까요? 그 이유는 아미타불께서 닦으신 모든 공덕이 전부 이 육자명호 속에 들어 있는데, 이 명호를 우리에게 주셔서 우리들이 평등하게 얻을

수 있도록 해주셨기 때문입니다.

경문에서는 육자명호야말로 원만하고, 위없고, 구족하고, 부족함이 없는 선근공덕, 이른바 '위없는 공덕'임을 충분히 설명하고 있습니다.

(5) 『관경』

다섯 번째 경문은 『관경』으로부터 나온 것인데, 여기서 인용한 것은 선도대사의 해석입니다. 왜냐하면 『관경』의 원문이 전후로 비교적 멀리 떨어져 있기 때문인데, 선도대사의 해석문에서는 그것을 한곳에다 병렬해놓고서 한 번의 염불과 갖가지 법문을 수행하는 선근과 복덕의 크기에 대해 비교한 것입니다.

『관경』의 하품상생에서 이 사람은 임종할 때서야 비로소 선지식이 불법을 설해주는 인연을 만났는데, 그에게 두 가지 법문을 설해주셨지요. 첫 번째는 대승의 12부 경전을 설해주셨기에, 그가 대승 12부 경전의 제목이름, 즉 『금강경』·『법화경』·『능엄경』·『화엄경』 등등을 듣게 됩니다. (선도대사께서는 『관경소』에서 다음과 같이 말씀하셨습니다.)

12부 경전의 이름을 듣고서 단지 천겁의 죄를 소멸하였느니라.

聞經十二部, 但除罪千劫.

　대승불교에서는 경전을 12가지 종류로 분류하므로, '12부 경전'은 모든 대승경전을 대표합니다. 또한 12부 경전을 듣는다는 것은 갖가지 수많은 대승경전을 들었다는 것을 나타내는데, 그 효과는 어떻습니까? 천겁의 극중한 악업을 소멸했다고 하지요. 천겁이면, 하나의 대겁은 얼마나 긴 시간일까요? 그것은 생각으로 헤아릴 수 없습니다. 천겁 동안에 지은 죄업을 소멸했으므로 엄청 많이 소멸한 것이지요. 그러나 아직 그로 하여금 생사윤회로부터 해탈하도록 하지 못한 것은 우리의 죄업이 너무나 무겁기 때문입니다. 그 뒤에 또 말씀하셨지요.

한 번 칭명염불을 하여 50억겁 생사의 죄를 소멸하였느니라.
稱佛一聲, 除五十億劫生死之罪.

　'나무아미타불' 하고 한 번 부르는 동시에 50억겁의 생사의 죄를 소멸합니다. 다들 계산해보십시오. 입으로 한 번 염불을 하면 50억겁의 생사의 죄를 소멸하고, 12부 경전을 들었을 때는 천겁의 죄를 소멸하였습니다. 만약 12부 경전을 듣는 시간을 가지고 염불을 한다면 몇 겁의 죄를 소멸하겠습니까? 그럼 엄청나겠지요! 게다가 '생사의 죄를 소멸한다'고 말한 이상, 단지 수량상의 '50억'이 아니라 실질적으로 부처님 명호의 공덕이 너무 커서 한 번만 칭명해도 영원히 생사윤회 가운데 다시 떨어지지 않을 만큼 생사의 죄가 이미 소멸되었음을 반영해주고 있습니다. 죄업을 많이 소멸했다는 것은 명호의 공덕이 크고 많기 때문에 소멸한 죄업이 많다는 것을 설명합니다. 이로써 이 육자명호의 공덕은 이처럼 많은 죄업을 소멸할 수 있어 단박에 생사를 초월하여 단박에 극락으로 돌아가도록 할 수 있음을 알 수 있습니다. 기타의 일체 법문에는 이러한 기능과 효과가 없습니다.

쌀밥의 비유

12부경은 불교 내의 모든 경전과 모든 법문을 대표합니다. 그런데 왜 이렇게 많은 경전으로 겨우 천겁의 죄를 소멸했을까요?

여기에는 두 가지 원인이 있습니다. 첫 번째는 일체 법문을 가지고 부처님의 명호를 부르는 것과 비교했을 때, 여전히 인지의 법문(因地法門)이지 과지의 법문(果地法門)은 아니기 때문입니다. 비유하자면 현재 이미 점심시간이 되어 배가 고픈데 당신에게 '곡물재배기술'이라는 책을 주면서 어떻게 곡물을 재배하는지 이 책을 보라고 합니다. 이 책을 다 보고 난 후에 다시 두 번째 책을 보라고 합니다. 당신더러 어떻게 쌀을 가공하고 밥을 짓는지를 배우라고 하면서 쌀밥을 주지 않는다면, 당신은 "시간이 없어요, 배가 너무 고파요"라고 말하겠지요.

무슨 뜻일까요? 불경에서는 우리에게 성불의 방법을 일러 주고 있습니다. 예컨대『금강경』에서는 우리더러 네 가지 상相인 '아상·인상·중생상·수자상'을 타파하라고 설하고 있는데, 이것은 성불하는 방법입니다.『능엄경』·『화엄경』에도 각자의 방법이 있습니다. 보살은 인지에서 수행하는 과정 중에 이런 방법을 사용하여 성불을 하십니다. 그러나 우리로서는 시간이 없습니다. 우리의 근기로는 금생에 눈을 감았다 하면 바로 삼악도에 떨어지게 될 테니까요.

부처님의 명호는 이미 성취된 불과佛果로서, 마치 점심시간이 되었을 때 다시 당신더러 '곡물재배기술'을 읽도록 하는 게 아니라 직접 흰 쌀밥을 당신의 앞에다 갖다 주는 것과 같아서, 당신이 배가 고프면 바로 먹기만 하면 됩니다!

이 두 가지 방법 중에 어느 방법이 문제를 해결할 수 있을까요? 매우 분명한 것은 과지의 법문이라야 비로소 쓸모가 있다는 것입니다.

경을 듣고서 소멸한 죄업이 적은 이유는 그것이 인지의 법문이기 때문이고, 염불하여 소멸한 죄업이 많은 것은 부처님의 명호를 칭념하는 것이 과지의 법문이기 때문입니다. 이것이 첫 번째 점입니다.

두 번째는 대승경전에서 제법실상諸法實相을 말씀하시는데, 만약에 우리도 제법실상을 깨달을 수만 있다면 '죄업은 서리나 이슬과 같아서 지혜의 해로써 능히 소멸할 수 있고', '천년 동안 어두웠던 방에 등 하나만 밝히면 바로 어둠을 물리칠 수 있겠지요.' 그러나 우리는 깨달을 수가 없습니다. 도를 깨달을 수 없다면 소멸하는 죄도 적고 얻은 복보와 공덕도 매우 한계가 있습니다.

향기를 맡는 비유

또 두 가지 원인이 있습니다. 첫째, 법의 측면에서 말한다면 모든 경전에서 설한 것은 전부 인지因地의 법문이어서 과지果地의 법문인 염불만큼 수승하지 못하다는 것입니다. 둘째, 근기의 입장에서 말한다면 이런 법문은 우리와 같이 죄업이 두텁고 마음이 들떠 있고 수명이 짧은 근기에는 적합하지 않기 때문에 소멸하는 죄업이 적다는 것입니다. 이에 대해서는 선도대사의 『관경소』에 해석이 있습니다.

그러나 육자명호를 칭념하는 것은 그것과 다릅니다. 이것은 과지의 법문으로 직접 밥을 먹는 것과 같습니다. 만약 밥을 들고 와서는 당신이 먹도록 주지 않고 밥의 향기만 맡으라고 한다면 배고픔이 해결되지 않겠지요. 12부 경전에서 어떻게 성불할 것인가를 설하고 있지만, 우리 같은 하열한 근기의 입장에서는 설하신 것이 전부 성불의 향기뿐이기에 우리로서는 성불의 열매를 맛볼 능력이 없습니다. 우리는 단지 풍겨오는 향기만 맡을 뿐 먹을 수는 없습니다.

우리가 이 육자명호를 부르는 데 있어서는 입으로 한 번을 부르면 한 번의 위없는 공덕을 얻고, 열 번을 부르면 열 번의 위없는 공덕을 얻게 되므로 아주 확실합니다. 동시에 이 육자명호를 부르는 데는 우리의 깨달음을 필요로 하지 않고, 또 '청정심이 있어야 공덕을 얻을 수 있다'고 말할 필요도 없습니다. 어떤 중생일지라도 단지 입을 열어 칭념하고 염불하기를 원하고 왕생하기를 원하기만 하면, 끝없는 공덕을 우리의 마음속으로 끌어당겨서 우리의 공덕이 되도록 할 수 있기에 매우 쉽고 매우 간단한 것입니다.

따라서 용이하면서도 수승하고 수승하면서도 용이한 법문은 오직 염불에 있습니다.

명호 가운데서 큰 이익을 얻다

"저 부처님의 명호를 듣고서 뛸 듯이 기뻐하거나 내지는 한 번만이라도 염念하는 이가 있다면, 이 사람은 큰 이익을 얻고 위없는 공덕을 구족하게 됨을 마땅히 알라." 이 사람은 '큰 이익을 얻게 되고', '위없는 공덕을 구족하게 된다'고 하셨는데, 어디에서 큰 이익을 얻게 될까요? 앞에서 '저 부처님의 명호를 듣고서'라고 말씀하셨습니다. 다시 말해 큰 이익과 위없는 공덕은 아미타불의 명호 가운데서 얻게 된다는 말씀이지요.

『아미타경』에서는 "아미타불에 대한 설법을 듣고 명호를 집지하여…… 곧 왕생하게 되느니라"고 설하시고는 이어서 "내가 그 이익을 보았기 때문에 이 말을 하는 것이니라"고 하셨습니다. '내가 그 이익을 보았다'는 그 이익이 바로 왕생이므로, '명호를 집지'하는 것으로부터 왕생을 얻게 된다는 것이지요. 두 경전에서 똑같이 모두 육자명호를 위없는 공덕으로 삼으셨으니, 이른바 '많은 선근과 복덕'인 것이지요.

(6) 『경전』의 말씀
여섯 번째 경문입니다.

어떤 사람이 사천하의 칠보로써
부처님과 보살·연각·성문들께 공양올린다면
많은 복을 얻게 된다.

若人以四天下七寶, 供養佛及菩薩, 緣覺, 聲聞, 得福甚多.

이것은 아주 많습니다! 사천하의 칠보, 즉 금·은·진주·마노 등등을 가지고 부처님·보살·성문·연각에게 공양한다면 얻게 될 복은 너무나 많습니다.

그러나 그 다음에 또 말씀하셨지요.

사람들에게 한 번 염불하도록 권하는 것만 못하니
이 복은 저 칠보를 공양한 복을 뛰어넘느니라.
不如勸人, 念佛一聲, 其福勝彼.

이는 경전에서 분명히 하신 말씀입니다. 당신이 사천하의 칠보를 가지고 불보살님들께 공양한다면 당신이 많은 복을 얻게 되지만, 사람들에게 염불을 한 번 하도록 권하는 것보다는 못하며, 염불을 권함으로써 얻는 복은 그 사람(칠보로 불보살께 공양한 사람)을 초월합니다. 그러므로 '사람들에게 한 번 염불하도록 권하는 것만 못하니, 이 복은 저 칠보를 공양한 복을 뛰어넘는다'라고 설하신 것입니다. 그러니 하물며 스스로 염불하고, 매일매일 염불하고, 한결같이 오로지 염불하는 것이겠습니까! 따라서 염불이야말로 많은 선근과 많은 복덕이라는 경문의 뜻은 아주 분명하여 따로 해석할 필요가 없습니다.

상이 있는 복덕은 많은 것이 아니다

어떤 사람은 『금강경』을 독송하기를 좋아하시는데, 『금강경』 속에 있는 두 구절 말씀으로도 증명할 수 있습니다.

> 만약 복덕에 복덕의 상이 있다면
>
> 이 복덕을 복덕이 많음이라 말하지 않으며,
>
> 만약 복덕에 복덕의 상이 없다면
>
> 복덕이 많음이라 말하느니라.
>
> 若福德有福德相, 是福德不名福德多; 若福德無福德相, 是名 福德多.

『금강경』을 독송해본 적이 있는 사람이라면 당연히 알고 계실 텐데, '복덕에 복덕의 상(相: 모양)이 있다면' 이것을 복덕이 많다고 말하지 않습니다. '내가 이것을 수행하고, 이것을 공양하고, 보시하고, 이것을 하고…… 수행을 많이 해야 한다.' 이것은 모두 상이 있는 것으로서 이것을 많다고 말하지 않습니다. 복덕의 상이 없어야만 비로소 복덕이 많은 것이지요.

우리가 이 육자명호를 부르면서 "보세요, 한 구절 나무아미타불만 부르면 뭔가 허전해서 제가 여기서 실제로 좋은 일을 하는 공덕만 못한 것 같아요"라고 말하는데, 그것은 복덕의 상이 있는 것이며, 따라서 '복덕이 많다고 말하지 않는다'는 것을 모르는 것입니다. 이 육자명호는 태허공과 같아서 실상實相 자체이자 상이 없는 것이기 때문에 복덕이 많은 것입니다.

(7) 『대비경』
『대비경大悲經』에서 다음과 같이 말씀하셨습니다.

> 한 번 부처님의 명호를 부르면 이 선근으로써
> 열반계에 들어가 다함이 없느니라.
> 一稱佛名, 以是善根, 入涅槃界, 不可窮盡.

한 번 '나무아미타불'을 부르는 선근으로 '열반계에 들어가 다함이 없다는 것'입니다. '열반계에 들어간다'는 것은 바로 성불을 한다는 것으로, 성불을 '대열반을 얻음'이라 말하며, 다 쓸 수 없을 정도로 여분이 남아 있기에 '다함이 없다'고 말하는 것이지요.

성불하고도 남음이 있다
근대의 인광대사께서도 말씀하셨지요.

> 한 구절 나무아미타불을 부르는 데 익숙해지면
> 성불하고도 남음이 있나니,

다른 법문을 배우지 않는다 해서 다시 무슨 유감이 있겠
는가?

一句南無阿彌陀佛念得熟, 成佛有餘, 不學他法, 又有何憾?

이 한 구절 나무아미타불을 만약 당신이 전념하고 숙념熟念
을 할 수 있다면 성불하고도 남음이 있으므로, 다른 법문을 배
우지 않아도 전혀 유감스럽지 않다는 것이지요.

본래 부처님은 원만한 경계여서 부족함도 없으시고 남는 것
도 없으시지만, 여기서는 한 구절 명호의 선근공덕이 무궁무
진하다는 것을 설명하고 있는 것입니다.

'한 번 부처님의 명호를 부르면 이 선근으로써 열반계에 들
어가 다함이 없느니라'고 하셨는데, 이러한 선근을 어떻게 생
각으로 헤아릴 수 있겠습니까? 따라서 부처님의 명호는 위없
는 선근복덕이고, 다함이 없는, 곧장 열반계에 들어가는 선근
복덕입니다. 따라서 극락세계가 바로 열반계이므로, 육자명호
를 칭념하면 바로 열반계인 극락정토에 들어갈 수 있습니다.

(8) 『열반경』

여덟 번째 경문은 『열반경』에서 설하신 것입니다.

가령 큰 창고를 열어서 한 달 동안 일체중생에게 보시하더

라도,

假令開大庫藏, 一月之中, 布施一切衆生,

큰 보물창고를 열어 사람들이 마음대로 가져가게 해서 '일체중생에게 보시한다면' 그 공덕은 매우 크고 복덕도 매우 큽니다.

얻은 바 공덕은 어떤 사람이 입으로 부처님 명호를 한 번 부른 것만 못하며, 그 공덕은 앞에서 보시한 공덕을 뛰어넘어 비교할 수 없느니라.

所得功德, 不如有人稱佛一口, 功德過前, 不可較量.

이렇게 큰 공덕을 얻었음에도 남이 한 번 부처님 명호를 부르는 것만 못하며, (염불하는) 이 공덕이 앞의 공덕을 초월하여 비교할 수 없다는 것입니다. 『열반경』에서 하신 말씀은 조금도 모호하지가 않습니다.

(9)『증일아함경』
『증일아함경』에서도 말씀하십니다.

사사로써 염부제의 일체중생에게 공양하더라도,

만약 소젖을 짜는 잠깐 사이에 부처님의 명호를 부른다면
그 공덕은 위의 공덕을 뛰어넘어 불가사의하니라.

四事供養閻浮提一切衆生;

若有稱佛名號, 如搆牛乳頃, 功德過上, 不可思議.

'사사四事'란 곧 음식·의복·의약·침구 등으로서 바로 우리가 필요한 일체 생활용품을 말합니다. 만약 현재로 말한다면 자동차·아파트 등등도 전부 그 속에 포함되겠지요. '염부제의 일체중생에게 공양한다'는 것은, 간단히 말한다면 지구상에 있는 모든 중생들, 그들의 모든 생활용품을 전부 당신 혼자서 공양한다는 것인데, 그렇다면 당신이 얻는 복은 매우 많을 것입니다. 그러나 만약에 어떤 사람이 나무아미타불 명호를 칭념한다면, 그것이 설사 우유 한 컵을 짜는 시간만큼이라 해도 '그 공덕은 위의 공덕을 뛰어넘어 불가사의하다'고 하셨으니, 이 말은 곧 사사로써 염부제의 일체중생에게 공양한 공덕을 초월한다는 것입니다.

경문에서는 비교를 통하여 염불이야말로 진정으로 많은 선근과 복덕이어서, 다른 법문과는 비교할 수 없다는 것을 설명하고 있습니다.

(10) 『대지도론』

용수보살께서도 『대지도론』에서 말씀하셨습니다.

> 비유하자면, 어떤 사람이 태어나자마자 곧 하루에 천릿길
> 을 천 년 동안 걸으면서 그 속에 가득한 칠보로써 부처님께
> 받들어 보시하더라도,
> 어떤 사람이 후대의 악세에서 한 번 아미타불을 부르는 것
> 만 못하니, 그 복은 저 사람을 훨씬 뛰어넘느니라.
> 譬如有人, 初生墮地, 卽能一日行千裏, 足一千年, 滿中七寶,
> 奉施於佛; 不如有人, 於後惡世, 一聲稱念, 阿彌陀佛, 其福
> 勝彼.

비유를 하나 하셨지요. 어떤 사람이 태어나자마자 하루에
천릿길을 걸을 수 있는데, 이렇게 얼마만큼의 시간을 걸었을
까요? 천 년을 걸었습니다. 우리가 계산을 해본다면 하루에 천
리인데, 천 리는 얼마나 큽니까? 그 범위가 아주 커서 열흘이
면 만 리, 그럼 한 달이면 3만 리이고, 일 년이면 36만 리입니
다. 그가 천 년 동안 이렇게 광범위한 곳을 지났는데, 땅속에는
"칠보가 가득하여" 그가 지나간 장소는 전부 칠보로 이루어져
있었습니다.

이렇게 많은 칠보로써 "부처님께 받들어 보시한다." 이 칠보

를 가져다가 부처님께 공양을 올린다면 그가 얻는 복이 클까요, 크지 않을까요? 많을까요, 많지 않을까요? 이 복은 정말로 엄청나게 큽니다! 그러나 "어떤 사람이 후대의 악세에서." 석가모니불께서 열반하신 뒤에, 이는 곧 우리 현재의 오탁악세, 이 말법시대를 말하는데 악세의 중생들은 마음이 청정하지 않아서 청정심으로 염불할 수 없는, 악세에서 괴로워하고 있는 중생들입니다. "한 번 아미타불을 칭념하면 그 복은 저 사람을 뛰어넘는다." 한 번 염불하는 선근과 복덕은 하루에 천 리씩 천 년을 걸어서 그 범위 내의 칠보로써 공양한 공덕을 훨씬 뛰어넘는다고 하셨어요. 그러니 우리가 어떻게 생각으로 이 명호의 공덕을 헤아릴 수 있겠습니까? 따라서 나무아미타불 육자명호야말로 많은 선근과 복덕입니다.

항공모함 대 작은 어선의 비유

다들 여기까지 배우고 나면 염불하는 데 신심이 생겨서 "이렇게 하면 안 될까요, 저렇게 하면 안 될까요……" 하며 걱정하고 두려워하고 허전해하면서 이리저리 두리번거리지 않을 겁니다. 만약에 염불마저 행할 수 없다면, 그러면 끝이죠. 어쩔 방법이 없습니다. 염불이 최고이며 제일 잘 되는 것인데, 만약 그래도 안 된다면 또 무슨 방법이 있겠습니까?

이는 마치 우리가 바다를 건너는 것과 같습니다. 슈퍼 캐리어 항공모함을 타고서도 거기서 '이것으로 바다를 건널 수 있을까? 다시 작은 어선 하나를 구해서 대비를 해놓았다가, 만에 하나 항공모함이 뒤집어지게 되었을 때 나의 이 작은 어선으로 한동안 버틸 수 있지 않을까……'라고 생각한다면, 이런 생각은 논리에 맞지 않습니다. 항공모함조차 건널 수 없는데 당신의 작은 어선이 무슨 쓸모가 있겠습니까? 이는 그가 항공모함에 대해 모를 뿐더러 작은 어선마저도 모른다는 것을 말해줍니다.

왜 그럴까요? 항공모함으로 건널 수 없는 바다가 없다는 것을 그는 모르고 있으며, 작은 어선으로는 바다를 건널 수 없다는 것도 그는 모르고 있기 때문이지요. 그가 항공모함을 너무 얕보고, 자신의 작은 어선을 너무 높게 보았기에 두 가지가 다 틀린 것입니다.

무슨 뜻이냐면, 염불이 바로 아미타불의 항공모함에 올라타는 것이고, 염불이 쓸모없을까봐 다시 여러 가지 잡행잡수를 한다는 것은 바로 작은 어선을 대비해놓는 것입니다. 어떤 사람은 말합니다. "만에 하나 염불해서 왕생할 수 없을 때, 다시 내가 닦은 이것을 가지고 보충을 해야지." 이는 마치 "육자명호의 대원선이 만약에 우리를 구제할 수 없다면, 다시 우리가 수행한 것을 의지하여 보충을 해야 한다"고 말하는 것과 같습니다. 그것이 바로 잡행잡수이며, 논리에 맞지 않습니다. 염불의 항공모함마저도 안 된다면 잡행의 작은 어선인들 되겠습니까? 따라서 염불이야말로 반드시 왕생하는 길이지요.

잡행잡수를 좋아하는 사람은 바로 아미타불의 명호를 너무 경시하고 자신의 잡행공덕을 너무 높게 본 것입니다.

이런 말씀을 드리는 이유는 여러분들의 마음을 이 육자명호에다 집중하라는 것이지, '그럼 나는 선행을 닦고 공덕을 쌓을 필요가 없겠구나'라는 말이 아닙니다. 이것은 두 가지의 다른 개념입니다. 선행 닦음과 공덕 쌓기는 우리 불교도들이 마땅히 실천해야 할 것들입니다. 다만 우리 범부들이 지은 독이 섞인 유루와 유위의 선을 가지고 육자명호를 능가하려 해서는 안 되겠지요. 그렇다면 이것은 자신의 주제를 파악하지 못하는 것이고, 또한 육자명호의 수승한 공덕을 이해하지 못하는 것입니다.

부처님을 믿음

이상이 열 단락 경문의 증거들인데, 매 단락의 경문마다 모두 부처님께서 친히 하신 말씀이므로 모두 힘이 넘치고도 단호합니다. 우리는 불교도로서 부처님을 믿어야 하지만, 부처님을 믿는다는 것은 그리 쉽지가 않습니다. 왜냐하면 우리가 범부이므로 때로는 집착이 있기 때문입니다.

부처님을 믿으려면 어떻게 믿어야 할까요? 부처님께서 '어떤 것'을 말씀하셨다면 당신은 그 '어떤 것'을 믿어야만 이것이 비로소 지혜가 있는 것입니다. 부처님께서 염불하면 왕생한다고 말씀하셨으므로 당신은 "염불하면 정말로 왕생할 수 있습니까?"라며 물음표를 던져서는 안 됩니다.

"이봐, 이 씨! 석가모니부처님께서 염불하면 왕생할 수 있다고 말씀하셨는데, 자네가 보기엔 왕생할 수 있을 것 같은가, 없을 것 같은가?"

이 씨가 말합니다. "내 생각엔 안 될 것 같아!"

"아, 그럼 자네의 말을 듣겠네. 장 씨, 자네가 보기엔 어떤가?"

장 씨도 말합니다. "나도 위험하다고 생각하네."

우리는 도대체 부처님을 믿어야 합니까, 아니면 장 씨·이 씨를 믿어야 합니까? 당신이 만 명에게 물었더니 그들은 전부 "단지 염불만 해서 왕생할 수 없다"고 말하는데, 오직 석가모니불만이 "한결같이 오로지 아미타불의 명호를 부르면 반드시 극락왕생한다!"고 말씀하십니다. 결국 우리는 석가모니불을 믿지 못하고 범부 속인들을 믿고 있는데, 이것은 우리의 마음속에 지혜가 없기 때문입니다.

부처님을 믿는다는 것은 부처님께서 이렇게 말씀하셨으면

당장에 믿고 따르는 것입니다. 당신이 당장에 믿고 따를 수 있다면 당신은 지혜가 있는 사람입니다.

부처님을 믿는 것은 사실 이해가 필요 없고, 당신이 많은 책을 읽을 필요도 없이 부처님께서 어떻게 말씀하셨으면 당신은 그대로 믿기만 하면 됩니다.

예컨대 석가모니불께서는 『아미타경』에서 시작부터 말씀하십니다.(이 말씀은 우리를 깜짝 놀라게 하지요)

여기에서 서쪽으로 십만 억의 불국토를 지나서
극락이라는 세계가 있느니라.
그 나라에 '아미타'라고 부르는 부처님이 계시는데,
지금 현재 법을 설하고 계시느니라.
從是西方, 過十萬億佛土, 有世界, 名曰極樂, 其土有佛, 號
阿彌陀.

십만억 불국토 밖의 극락세계를 당신이 본 것도 아니고, 당신이 망원경을 가지고 보더라도 보이지가 않으며, 과학자들이 허블망원경을 사용하여 허공을 향해 보아도 역시 보이지 않습니다. 그러나 당신이 믿으면 믿는 것입니다. 당신이 교수라서 비로소 이 말을 믿을 수 있는 것도 아니고, 내가 일반 백성이고 일자무식하다고 해서 믿을 수 없는 것도 아닙니다. 당신이 믿으면 믿는 것입니다.

신심은 지혜의 체현體現인 동시에 역량의 체현이기도 한데, 부처님께서 하신 말씀을 믿을 수 있다면 지혜가 있고 역량이 있는 것이지요! 한 사람이 제아무리 학문이 있다 하더라도 만약에 그가 부처님의 말씀을 믿고 받아들이지 못한다면, 그의 마음은 여전히 연약하고 무기력한 것입니다.

6) 조사의 해석

우리는 계속해서 여섯 번째 '조사의 증명(祖證)'을 보도록 하겠습니다. 바로 조사님의 교증敎證으로써 염불이 많은 선근과 복덕임을 증명하는 것입니다. 여기서도 역시 열 가지 문장을 열거합니다.

(1) 담란대사의 『왕생론주』

진실한 공덕

첫 번째 단락입니다. 담란대사께서 『왕생론주』에서 말씀하시기를 "공덕에는 두 가지가 있으니, 하나는 진실한 공덕이고, 하나는 진실하지 못한 공덕이다"라고 하셨습니다. 그럼 무엇이 진실한 공덕일까요?

보살의 청정한 지혜의 업으로부터 일어나 불사를 장엄
하며,

법성을 의지해 청정한 모습으로 들어가니,

이 법이 전도되지 않고 허위가 아니므로

진실한 공덕이라 부른다.

어째서 전도되지 않은가?

법성을 의지하고 이제二諦를 수순하기 때문이다.

어째서 허위가 아닌가?

중생을 거두어 필경 정淨에 들어가기 때문이다.

從菩薩淸淨智慧業起, 莊嚴佛事, 依法性, 入淸淨相,

是法不顚倒, 不虛僞, 名爲眞實功德.

云何不顚倒？ 依法性, 順二諦故;

云何不虛僞？ 攝衆生, 入畢竟淨故.

이 단락을 자세하게 해석하기란 쉽지가 않겠지만, 그 대의
는 아주 명백합니다. 보살이 닦은 바는 법성에 수순하므로 진
실한 공덕이 되는 것이고, 전도되지 않고 허위가 아니므로 중
생을 거두어 정토로 돌아가서 필경에 성불하도록 할 수 있다
는 것입니다. 법장보살께서는 역겁歷劫 동안 법성에 수순하여
수행함으로써 나무아미타불 육자명호를 성취하셨기에, 염불
인들을 섭수하여 정토에 돌아가 성불하게 하실 수 있다는 것

입니다. 따라서 육자명호가 바로 진실한 공덕입니다.

진실하지 못한 공덕

어떤 것이 진실하지 못한 공덕일까요? 범부중생들이 닦은 모든 인천人天의 여러 가지 선善들은 전부 다 진실한 공덕이 아닙니다. 진실한 공덕이 바로 많은 선근이라면, 진실하지 못한 공덕은 당연히 적은 선근복덕이겠지요. 한 걸음 더 나아가 말한다면, 진실하지 못하다는 것은 없는 것과 같아서 '적다'라고 말하기조차 어렵습니다. 원문을 보겠습니다.

> 범부가 닦은 인천의 모든 선과 인천의 과보들은
> 원인이든 결과든 모두 전도되고 모두 허위인 까닭에
> 진실하지 못한 공덕이라 부른다.
> 凡夫人天諸善, 人天果報, 若因若果,
> 皆是顚倒, 皆是虛僞, 是故名不實功德.

우리는 범부이므로 수행할 수 있는 것이 인천의 선법에 지나지 않습니다. 착한 원인을 닦으면 착한 과보를 얻을 수 있겠지만, 원인 가운데(因中) 닦는 인천의 여러 선(人天諸善)이든, 아니면 과보로서(果上) 누리는 인천의 복락(人天福樂)이든 "모두 전도되고 모두 허위"라는 것입니다.

왜 전도되었다고 말하는 걸까요? 앞에서 "유루의 마음으로부터 일어나 법성을 수순하지 않음"이라 말씀하셨습니다. 마음을 깨닫지 못하고 아상을 여의지 못했으며, 법성을 수순하지 않고 법의 근본과 괴리되어 위로 오르기를 바라나 도리어 아래로 떨어지고 마는 격이니, 영원히 삼악도에 가라앉아 벗어날 수 없기에 전도되었다고 말하는 것입니다.

왜 허위라고 말할까요? 덧없이 변화하여 생멸하고 진실하지 않아서 법성의 공덕에 계합하지 못했기 때문에 허위라 말하는 것이지요.

예컨대 보시를 말한다면, 보살은 삼륜의 체가 공(三輪體空)하여 보시하는 나도 본래 공하고, 보시를 받는 사람도 공하며, 보시를 하는 물건도 공하므로 닦은 공덕이 진실하지 않는 게 없습니다. 그러나 범부는 세 가지 상이 견고하여, 내가 보시를 하여 장래에 복을 받는다, 즉 아상我相에 대한 희구가 견고하고, 남이 나의 보시를 받았으니 나의 은혜를 받았다, 즉 인상人相에 대한 아만심이 견고하며, 이런 재물들은 모두 내가 보시한 것이다, 즉 물건의 상에 대해 탐내고 아끼는 마음이 견고합니다. 이렇게 수행한다면 아무리 오랜 세월을 닦아도 생사를 벗어날 수 없습니다.

불성의 공덕 입장에서 말한다면 우리의 이 같은 수행들은 유루와 유위의 생멸법이기 때문에 허위라고 말하고 진실하지 못한 공덕이라 말합니다.

인과가 서로 부합함

여러분들께 묻겠습니다. 진실하지 못한 공덕을 가지고 진실한 공덕의 극락세계에 왕생하려는 것은 전도된 인을 가지고 극락의 전도되지 않은 과를 얻으려 하는 것인데, 이게 가능하겠습니까? 이것은 불가능합니다! 인과가 서로 부합하지 않습니다.

극락세계는 아미타불의 청정하고 장엄하고 진실한 열반의 국토이므로, 진실한 열반의 정토에 왕생하려면 반드시 진실한 열반의 인(因: 원인)이 있어야 하는데, 그 인이 무엇입니까? 바로 육자명호입니다. 육자명호는 본래부터 실상법(實相法: 만유의 진실하고 참된 모습)이며 아미타불의 위없는 공덕입니다. 따라서 육자명호를 지니고 극락국토에 왕생하는 것은 인과가 서로 부합하는 것입니다.

어제 든 비유와 같이, 국왕의 성지를 가지고 왕궁에 들어가 국왕을 알현해야만 비로소 인과가 부합하고 완전히 상응하며 경계가 일치되는 것입니다. 당신이 자신이 적은 쪽지 하나를 들고 국왕을 만나려 한다면 만날 수가 없겠지요.

'나무아미타불'은 아미타불께서 우리에게 직접 서명을 해주신 명호입니다. 그분께서는 육자명호로써 우리들을 초대하고 계십니다. "시방의 중생들아, 나의 명호를 부르면 내가 너희들을 영접하여 나의 정토로 돌아가겠다!"라고 말입니다. 이 육자 명호가 바로 아미타불께서 우리에게 주시는 초청장입니다.

(2) 선도대사의 『법사찬』

두 번째 단락을 보겠습니다. 이 문장은 선도대사의 『법사찬法事讚』에 나오는 것입니다. 『법사찬』은 선도대사께서 찬탄하는 게송(讚偈)의 형식으로 『아미타경』의 중요한 뜻을 해석한 것입니다. 그 가운데 다음 네 구절 말씀은 굉장히 유명한데, 이는 『아미타경』의 '적은 선근으로 왕생할 수 없으니, 명호를 집지하여 일심불란하면 곧 왕생하게 된다'는 왕생의 정인正因에 관한 이 단락의 경문을 해석한 것입니다.

> 극락의 무위열반계는
> 인연을 따르는 잡다한 선으로는 아마 왕생하기 어렵도다.
> 그런 까닭에 여래께서는 요법(要法: 핵심법문)을 선택하시어
> 아미타불을 전념하고 또 전념하라 가르치시네.
> 極樂無爲涅槃界, 隨緣雜善恐難生,
> 故使如來選要法, 敎念彌陀專復專.

열반의 보토

"극락의 무위열반계"란, 선도대사께서는 극락세계는 보토이며 무위열반의 경계라고 판정하셨습니다. '위爲'는 곧 인위적인 조작이고, '무위無爲'는 인위적인 조작에서 멀리 떨어져 있다는 것으로 성품자리(性地)의 공덕이 저절로 드러난 것을 말합니다. 일체의 조작은 전부 유위이지 무위가 아닙니다. 예컨대 우리가 건물을 짓는다고 하면 건물은 유위법이어서 장래에 사라지게 되며, 절을 지어도 시간이 흐름에 따라 황폐해지게 되는데, 이런 것들은 모두 유위법입니다.

오직 불성佛性만이 무위인데, 극락세계는 무위이고 열반의 경계입니다. 열반은 불생불멸이어서 쇠함도 변함도 없이 본래 그대로 상주常住해 있습니다. 물론 이것을 이해하기란 쉽지가 않습니다. 아무튼 이것은 매우 고묘高妙한 불국토의 경계이자 불성이 완전히 드러난 경계입니다.

잡다한 선으로는 왕생할 수 없음

이처럼 고묘한 불국토의 경계를 "인연을 따르는 잡다한 선으로는 아마 왕생하기 어렵도다"란 말씀이 바로 "적은 선근과 복덕의 인연으로는 저 나라에 왕생할 수 없느니라"에 대한 해석입니다. 선도대사께서는 '적은 선근과 복덕의 인연'을 '수연잡선(隨緣雜善: 인연을 따르는 잡다한 선)'이라는 네 글자로 설명하신 것이지요. 무엇을 '인연을 따르는 잡다한 선'이라 부를까요? 오로지 아미타불의 명호를 부르지 않고 자신의 취미와 인연에 따라서 이 법을 만나면 이 법을 배우고 저 법을 만나면 저 법을 배우는 것을 '인연을 따름'이라고 말하는 것이고, 이것도 닦고 저것도 닦는 것을 '잡다함'이라 말하며, 닦은 바가 모두 선법이므로 '선善'이라 말하는 것입니다.

우리 범부들의 인연을 따르는 잡다한 선으로써(앞서 담란대사께서는 '진실하지 않은 공덕'이라 말씀하심) 저 열반계에 왕생하려는 것은 절대 불가능합니다! 따라서 "아마도 왕생하기가 어려울 것이다." '아마도 당신은 왕생할 수 없을 것이다!'고 말씀하신 것입니다. 선도대사께서는 비교적 완곡하게 말씀하셨는데, 그 의미는 우리더러 인연을 따르는 잡다한 선을 버리라는 것입니다. 그럼 마땅히 어떻게 해야 할까요? 전수염불을 해야 합니다.

전수염불하면 반드시 왕생함

그래서 그 다음에 "그런 까닭에 여래께서는 요법(要法: 핵심법문)을 선택하시어 아미타불을 전념하고 또 전념하라 가르치시네"라고 말씀하신 것입니다. '그런 까닭에 여래께서 요법을 선택함'이란 바로 경문에서 말씀하신 "아미타불에 대한 설법을 듣고서(聞說阿彌陀佛)"입니다. 우리가 석가모니불께서 아미타불의 명호에 대해 설해주시는 것을 듣는 것, 이것이 바로 석가모니불께서 우리를 위해 요법을 선택해주시는 것입니다.

인연을 따르는 잡다한 선으로는 왕생할 수 없고, 앞서 석가모니불께서 또 우리에게 왕생하라고 타이르고 계시며, 우리는 기껏해야 인연을 따르는 잡다한 선을 조금 닦을 수밖에 없고, 또 이것으로는 왕생할 수도 없다면, 그럼 어떡해야 합니까? 석가모니여래께서 기왕 우리에게 왕생하라고 타이르신 이상, 그분께서는 우리를 위해 왕생할 수 있는 방법 하나를 선택해주셔야 하겠지요. 선택이란 석가모니불께서 선택해주신다는 것입니다. 따라서 우리 정토법문의 선생님은 매우 고명하신 석가모니불이신데, 그분께서 직접 우리를 위해 골라주신 것이기에 아주 정확하고 아주 온당하며 복잡하지 않고 아주 편안합니다.

석가모니불께서 우리들을 위해 선택하신 법문에는 착오가 있고 실수가 있을 수 없겠지요. 석가모니불께서 우리를 위해 선택하신 방법은 누구나 실천할 수 있고, 게다가 가장 수승하고 최고여서 두 번째, 세 번째가 될 수 없습니다. 석가모니불께서 우리 오탁악세의 중생들을 위해 선택해주신 '요법'은 어떤 법문입니까? '아미타불을 전념하고 또 전념하라 가르치시네'이니, 이것이 바로 (『아미타경』에서 말씀하신) "명호를 굳게 지니고 하루나…… 이레 동안 일심불란하게(執持名号, 若一

日…… 若七日, 一心不亂)” 염불하라는 것입니다. 석가모니불께서 우리에게 아미타불을 전일하게(專), 더욱 더 전일(專)하게 부르라고 가르치고 계시다는 것이니, 하나의 ‘전專’자로는 석가모니불의 간절한 노파심을 표현하기 부족했기 때문입니다.

“오탁악세의 중생들이여, 너희들은 오로지 염불을 해야 한다!”
“부처님! 저는 이미 오로지 염불만 하겠다고 대답했습니다!”
“전념하고 있지만, 더욱 더 전념해야 한다!”

끝까지 전념해서 마음도 전일하고 행도 전일하고, 오늘도 전일하고 내일도 전일하고, 법당에서도 전일하고 법당을 떠나서도 여전히 전일하게 하는 것을 ‘전념하고 또 전념하라’고 말하는 것입니다.

아무튼 이 단락의 찬게(讚偈: 찬탄게송)에서는 두 가지를 설명하고 있습니다. 하나는 ‘인연을 따르는 잡다한 선’은 ‘적은 선근과 복덕의 인연’이므로 왕생하기가 어렵다는 것이고, 또 하나는 아미타불의 명호를 전일하게 또 전일하게 칭념한다면 결정코 왕생할 수 있다는 것이지요. 이는 석가모니불께서 우리를 위해 선정해주신 것으로서, 이것이 바로 ‘많은 선근과 복덕'입니다.

(3) 선도대사의 『반주찬』 1
계속해서 다음 글을 보겠습니다. 선도대사의 『반주찬般舟讚』
가운데 찬게 한 수가 있는데, 네 구절로 되어 있습니다.

온갖 사량과 교묘한 방편으로
아미타불의 크신 서원 법문을 선택하셨으니,
일체 선업을 회향하여 왕생하는 이익은
오로지 아미타불의 명호를 부르는 것만 못하네.
種種思量巧方便, 選得彌陀弘誓門;
一切善業回生利, 不如專念彌陀號.

석가모니불께서 온갖 사량·온갖 고려를 다하시고, 갖가지
선교善巧·갖가지 방편을 운용하시어 우리를 위해 아미타불의
크신 서원인 대원업력大願業力의 법문을 선택해주셨다는 것입
니다. "일체 선업." 즉 정선定善과 산선散善 등등을 수행한 일체
선업을 회향하여 왕생을 구한다면 모두 이익은 있지만, 그러
나 "오로지 아미타불의 명호를 부르는 것만 못하네"라고 하셨
으니, 염불의 이익이 더욱 크다는 것입니다.
  이른바 "온갖 사량과 교묘한 방편"이란 바로 "일체 선업을

회향하여 왕생을 구하는 것"입니다. 이것은 석가모니불께서 교묘하게 세우신 방편이신데, 그 목적은 이 방편을 통하여 진실眞實로 돌아가도록 인도하는 것입니다. 다시 말해 아미타불의 크신 서원의 법문(미타홍서문彌陀弘誓門)을 선택하도록 인도하는 것이니, "아미타불의 크신 서원의 법문"이란 바로 "오로지 아미타불의 명호를 부르는 것"입니다.

일체 선업을 회향하여 왕생을 구하는 것은 오로지 아미타불의 명호를 부르는 것만 못합니다. 매우 분명한 것은 '전념미타명호專念彌陀名號', 곧 '오로지 아미타불의 명호를 부르는 것'이 바로 많은 선근과 많은 복덕이고, 이를 제외한 '일체 선업'은 모두 적은 선근과 적은 복덕이라는 것입니다.

(4) 선도대사의 『반주찬』 2

계속 이어서 『반주찬』입니다.

만행을 모두 회향하면 다 왕생은 하지만
염불이라는 하나의 행이 가장 존귀하도다.
회향 왕생하는 잡선은 힘이 약할까 두렵나니
하루나 이레 동안 염불하는 것만 못하구나.
萬行俱回皆得往, 念佛一行最爲尊;
回生雜善恐力弱, 無過一日七日念.

갖가지 수행과 하나하나의 모든 선을 전부 회향하여 왕생을 구하기만 하면 역시 다 왕생할 수는 있지만, 염불과는 여전히 비교할 수 없습니다. 염불이라는 하나의 행은 가장 존귀하여 최상이고 최고입니다. 또한 온갖 잡행과 잡선雜善을 회향하여 극락세계에 왕생하려 한다면 아마도 그 힘이 부족할 것이니, 잡선을 회향하여 왕생을 구하는 힘이 너무 약하기 때문에 "회향 왕생하는 잡선의 힘이 약할까 두렵나니"라고 말씀하신 것이지요.(앞에서 말한 '인연을 따르는 잡다한 선으로는 아마 왕생하기 어려울 것이다'와 같은 이치.)

그럼 어떡해야 합니까? "하루나 이레 동안 염불하는 것만 못하다"고 하셨지요. 회향 왕생하는 잡다한 선은 하루나 이레 동안 염불하는 것만 못하다는 것입니다. '하루나 이레 동안'이란 바로 『아미타경』에서 말씀하신 "하루나…… 이레(若一日…… 若七日)" 동안 전심으로 염불하는 것인데, 이것을 뛰어넘을 수 없다는 것입니다. 만행萬行은 모두 존귀하지 않고 염불만이 가장 존귀하며, 잡다한 선은 힘이 약할까 두렵지만 염불의 효력(功)은 가장 강합니다. 따라서 만행과 같은 잡선들은 적은 선근이고, 부처님의 명호를 부르는 것은 많은 선근입니다.

앞에서는 '만행을 전부 회향하면 모두 왕생할 수 있다', 즉 모두 왕생할 수 있다고 말씀하셨고, 아래에는 또 '회향 왕생하는 잡선은 힘이 약할까 두렵다', 즉 아마 왕생할 수 없을 것이라고 말씀하셨습니다. 그렇다면 이것은 모순이지 않을까요? 모순이 아닙니다! 잡행을 회향하여 비록 왕생할 수는 있지만, 왕생을 하더라도 다만 변지邊地의 연태蓮胎 속에 머물게 되지요. 그러니 곧장 보토에 들어가서 연태에 머물지 않기에는 그 힘이 부족하므로 반드시 전수염불을 해야 한다는 것입니다.(오로지 '나무아미타불'을 부르는 전수염불은 아미타불의 본원력에 대한 절대적 믿음에 바탕을 둔 것인 데 반해, 잡행잡수를 닦아 이를 회향하는 것은 전수염불을 통한 완전한 구제를 의심하는 것이 되고, 이는 결과적으로 아미타불의 본원력을 의심하는 것이 되기에 『무량수경』에서 설하신 변지의 연태 속에 머물게 된다고 함. - 편집자 주)

(5) 선도대사의 『관경소』

『관경소』에서 선도대사께서 말씀하셨습니다.

그 나머지 온갖 행들도 비록 선이라 부르기는 하나,
만약 염불과 비교한다면 전혀 비교되지 않는다.

自餘衆行, 雖名是善, 若比念佛者, 全非比較也.

"그 나머지(自餘)"란 염불을 제외한 모든 수행들을 말합니다. "비록 선이라 부르기는 하나"에서 '비록(雖)'이란 글자는 전환을 나타내는 어투입니다. '선이라(是善)'는 말은, 예컨대 우리가 참법懺法을 닦는다거나, 경전을 독송한다거나, 진언을 외우는 것은 모두 공덕이 있고 모두 이익이 있으며, 모두 불교 내의 선법수행善法修行입니다. 그러나 비록 선이기는 합니다만, 만약 염불과 비교한다면 어떨까요? "만약 염불과 비교한다면 전혀 비교되지 않는다." 즉 서로 비교할 바가 못 된다는 것이지요. 당신이 이 경전을 독송하는 것과 저 경전을 독송하는 것은 비교할 수 있겠으나, 염불과는 비교할 방법이 없다는 겁니다.

예를 들면 똑같은 지면 위의 사물들 중에서도 일 층 건물은 낮고 백 층 건물은 높으며, 작은 산은 낮고 큰 산은 높아서 그것들이 얼마만큼 차이 나든지 아무튼 서로 비교할 수는 있습니다. 그러나 땅과 하늘은 비교할 수가 없겠지요. 그것은 높고 낮음으로 서로 비교할 수 있는 대상이 아닙니다. 기타의 여러 가지 수행들도 비록 선이기는 하지만, 만약 염불과 서로 비교한다면 다른 수행들은 땅과 같고 염불은 하늘과 같아서 전혀 비교할 수 없다는 것입니다.

이것이 정토종의 개종조사開宗祖師이신 선도대사의 해석입니다.

(6) 연지대사의 『아미타경소초』

명나라 때의 연지대사蓮池大師께서도 아주 분명하게 말씀하셨습니다. 『아미타경소초阿彌陀經疏鈔』에서 연지대사께서는 다음과 같이 말씀하셨습니다.

> 저 나라에 왕생하려면 반드시 많은 선근과 많은 복덕이 있어야 한다.
> 지금 지명(명호를 지님)은 선근 가운데 선근이고, 복덕 가운데 복덕이다.
> 명호를 집지(굳게 지님)하며 아미타불을 친견하고자 원하는 것이 진실로 많은 선근이자 최고로 수승한 선근, 불가사의한 선근이다.
> 그러므로 마땅히 지명을 정행正行으로 삼고,
> 또한 지명을 발보리심으로 삼아야 한다.
> 欲生彼國, 須多善多福. 今持名, 乃善中之善, 福中之福.
> 執持名號, 願見彌陀, 誠多善根, 最勝善根, 不可思議善根也.
> 故當以持名爲正行, 復以持名爲發菩提心.

극락정토에 왕생하려면 많은 선근과 많은 복덕이 필요합니다. 그럼 어떻게 해야 비로소 많은 선근과 많은 복덕을 갖출 수 있을까요? '지금 명호를 집지하여' 아미타불의 명호를 잡아서 부르는 것, 나무아미타불을 칭념하는 것이 '선근 중의 선근이고, 복덕 중의 복덕'이라는 것입니다. "명호를 집지하며 아미타불을 친견하기를 원하는 것이 진실로 많은 선근이자 가장 수승한 선근·불가사의한 선근이다"고 하셨는데, 그 어떤 수행도 이 같은 찬탄을 받지 못했습니다. 다른 수행도 선이자 복이기는 하지만, 명호는 '선 중의 선, 복 중의 복'이며, '많은 선근이자 가장 수승한 선근·불가사의한 선근'입니다. "따라서 마땅히 지명持名을 정행으로 삼고 다시 지명을 발보리심으로 삼아야 한다", 즉 지명을 우리가 정토에 왕생하는 정행으로 삼아야 한다는 것입니다.

발보리심은 성도법문과 정토법문의 각종 각파에서 모두 매우 중요시하는 것인데, 연지대사께서는 여기서 '당신이 아미타불의 명호를 부르며 정토왕생을 발원하기만 하면 이것이 바로 발보리심이다'고 해석하셨습니다. 발보리심이 선근이고, 육도만행을 닦는 것이 복덕인데, 우리가 염불하면 복덕이면서 또한 선근이 되기도 합니다. 왜냐하면 이 명호 속에 전부 다 포함되어 있으니까요.('지명을 발보리심으로 삼아야 한다'는 연지대사의 말씀은 발보리심을 따로 한 다음에 염불해야 한다는 것이 아니라, 지명염불을 하면 그 안에 자연히 발보리심이 다 포함된다는 의미로 해석할 수 있다. – 편집자 주)

(7) 우익대사의 『미타요해』 1

다음은 우익대사의 해석입니다. 우익대사는 『미타요해』에서 다음과 같이 말씀하셨지요.

> 성문과 연각은 보리 선근이 적고, 인천의 유루 복업은 복덕이 적어서 모두 정토에 왕생할 수 없다.
> 聲聞, 緣覺, 菩提善根少, 人天有漏福業, 福德少, 皆不可得生淨土.

이것은 '적은 선근과 복덕'에 대한 해석입니다. '성문과 연각'이란 바로 아라한과 벽지불을 말하는 것인데, 그들은 이미 삼계를 벗어난 성자들입니다. 그러나 그들의 신분으로도 여전히 정토에 왕생할 수 없다는 것입니다. 왜 그럴까요? '보리 선근이 적기' 때문입니다. 그들은 아직 광대한 보리심(보리심이 곧 선근임)을 일으키지 못하고서 자신의 생사만을 해결하셨기 때문에 보리심이 부족하다는 것이지요.

그러나 극락세계는 대승의 선근계善根界여서 성문과 연각이라도 자신을 의지해서는(자력으로는) 왕생할 수 없으며, 범부들이 닦은 인천의 유루의 복업은 복덕이 너무 적기 때문에 인천의 모든 선과 성문·연각들은 모두 저 부처님의 정토에 왕생할 수 없습니다. 그럼 무엇을 의지해야 왕생할 수 있을까요?

다음을 보십시오.

(8) 우익대사의 『미타요해』2

> 아미타불은 만덕홍명이다.
> 명호로써 덕을 불러오니 다하지 않음이 없다.
> 阿彌陀佛是萬德洪名, 以名召德, 罄無不盡.

육자명호는 만덕홍명입니다. 명호로써 아미타불의 공덕을 불러오고 거두어 포괄하고 있기에, 모든 공덕은 전부 명호 속에 포함되어 있습니다. 이것을 "다하지 않음이 없다"고 말씀하신 것인데, 즉 조금도 빠뜨리지 않았다는 것입니다. 따라서 아미타불의 명호가 바로 많은 선근복덕이며, 원만한 선근복덕입니다.

"명호로써 덕을 불러온다"는 것은, 세간에서 이와 상응하는 비유를 찾기란 매우 어렵습니다. 하지만 우리는 대략적으로 세간의 예를 통하여 여러분들이 이해할 수 있도록 도와드리겠습니다. 예컨대 세속의 말 가운데 '존함을 오래 전부터 들었는데, 명성이 자자하더라'는 말이 있습니다. 이 사람의 도덕과 학식·공적이 모두 그 사람의 이름 가운데 포함되어 있어서, 사람들이 그의 이름만 들어도 그가 대단한 사람이라는 것을 아는 것을 '존함을 오래 전부터 들었다'고 말하는 것이지요.

상표의 비유

상표에 대한 비유를 해보겠습니다. 상표가 바로 하나의 상업 표시이자 하나의 등급이며, 명품 역시 하나의 이름이자 하나의 간판입니다. 그래서 유명한 세계적인 상표(브랜드)는 왕왕 수억 달러의 가치가 있습니다. 이것을 '이름으로써 재물을 불러온다'고 말할 수 있는데, 재물이 이름이 되고, 이름이 바로 재물이 되는 것입니다. 그리고 우리가 현장縣長·시장市長·성장省長을 말하는 것도 모두 이름에 불과하지만, 이러한 이름이 있으면 곧 이러한 권력이 있으므로, 이것을 '이름으로써 권력을 불러온다'고 말할 수 있습니다. 다시 말해 권력이 이름이 되고, 이름이 곧 권력인 셈이지요. 당신에게 어떠한 이름이 있으면 바로 어떠한 권력이 있게 됩니다.

물론 이것은 세간적인 것으로서, 상업계는 이름으로써 재물을 불러들이고, 정계에서는 이름으로써 권력을 불러들이지만, 불보살님들은 출세간적인 공덕계功德界이므로 '명호로써 공덕을 불러들이는 것'입니다.

제왕이 죄를 사면하는 비유

예컨대 강희대제(康熙大帝: 청나라 제4대 황제)의 경우, 그가 어필로 '강희'라고 적으면 이 이름 속에는 제왕의 위덕이 들어 있습니다. 죽을죄를 지은 사람이라도 그의 죄를 사면해줄 수 있고, 일반백성이라도 관직으로 등용할 수 있습니다.

아미타불 육자명호의 위덕은 우리를 삼계육도의 윤회로부터 면제시킬 수 있습니다. 본래 우리는 사형을 선고받아 곧 지옥에 떨어져야 하지만, 육자명호는 우리의 죄업을 소멸시킬 수 있습니다.

아미타불은 '부처님 중의 왕이요, 광명 가운데 가장 존귀한 분'으로서 시방중생을 대사면해주십니다. '내가 부처가 되었으니, 시방중생의 죄업을 두루 사면하여 그들이 다시는 윤회하지 않고 전부 나의 정토에 돌아오도록 하겠다'는 것입니다. 그분께서 뭘 믿고 말씀하시는 것일까요? 자신의 명호를 믿는 것입니다. '내가 만약 성불을 한다면 무량수라 명호를 지으리니, 중생들이 이 명호를 듣고 다함께 나의 나라에 오게 되리라'고 말입니다. 육자명호에 모든 공덕을 포함하고 있기 때문에 비로소 널리 평등하게 우리들을 구제할 수 있고, 우리들의 죄업을 사면할 수 있는 것이지요. 아미타불의 명호가 곧 공덕이고 공덕이 곧 명호이므로, 아미타불에게 얼마만큼의 공덕이 있으면 명호의 공덕도 얼마만큼 있어서, 선근과 복덕이 많고 원만하여 위가 없는 것입니다.

(9) 우익대사의 『미타요해』3

다음 말씀입니다.

부처님께서는 대원으로써 중생들에게 많은 선근의 인을 지
어주시고,

대행으로써 중생들에게 많은 복덕의 연을 지어 주시니,

믿음과 발원으로 지명염불을 하는 이들로 하여금 염념마다

이와 같은 공덕을 성취하게 하셨다.

佛以大願, 作衆生多善根之因,

以大行, 作衆生多福德之緣;

令信願持名者, 念念成就如是功德.

우익대사의 이 몇 구절 말씀은 확실히 아주 적절하고 아주
좋습니다. 우리가 앞서 말씀드렸듯이, 아미타불께서는 '모든
중생들로 하여금 공덕을 성취하도록 해주신다'고 했는데요,
그럼 어떻게 우리로 하여금 공덕을 성취하도록 해주실까요?
『무량수경』에서 이렇게 말씀하셨지요. "저 부처님의 명호를
듣고서 뛸 듯이 기뻐하며 내지 한 번만이라도 염하는 이가 있
다면" 곧 위없는 공덕을 얻게 된다고요. 우익대사 역시 이 경
문에 의거하여 해석하신 것입니다. 『아미타경』에서 서방정토
에 왕생하려면 반드시 많은 선근과 복덕의 인연이 있어야 한

다고 설하셨는데, 선근은 왕생의 인因이 되고 복덕은 왕생의 연緣이 되기에 '선근·복덕·인연'이라 말씀하신 것입니다. 선근의 인이 있고 복덕의 연이 있으면 인연이 구족하여 반드시 왕생하게 된다는 것이지요. 단지 인만 있고 연이 없어도 왕생할 수 없고, 연만 있고 인이 없어도 역시 왕생할 수 없습니다.

우리에게는 선근도 없고 복덕도 없습니다. 인도 부족하고 연도 적다면 어떻게 왕생할 수 있겠습니까? 그렇습니다. 우리에게 없기에 부처님께서 우리에게 주시는 것입니다. 어떻게 주실까요?

"부처님께서는 대원으로써 중생들에게 많은 선근의 인을 지어주신다", 즉 부처님께서 세운 48대원으로써 우리에게 많은 선근의 인을 지어주신다는 것입니다. 선근의 인이란 쉽게 말하면 바로 정토왕생을 염원하는 원심願心인데, 이 원심만 있으면 곧 왕생의 인이 있게 되지요. "죄업을 짓는 중생들이여, 그대들에게는 대원이 없어서 감히 제불의 정토에 왕생하려는 마음을 내지 못하지만, 내가 그대들을 위해 48대원을 세워서 그대들이 나의 정토에 왕생하기를 발원할 수 있도록 하겠다." 아미타불께서 48대원을 세우신 유일한 목적이 바로 우리들이 극락세계에 왕생하도록 하는 것입니다. 그렇다면 우리가 왕생하기를 원한다면 부처님의 원심이 곧 우리의 원심이 되는 것과 같겠지요. 부처님의 원심은 선근의 극치입니다. 부처님의 원심이 우리의 원심이 되었는데 어찌 선근이 많지 않을 수 있겠습니까? 그래서 "많은 선근의 인"이라 말씀하신 것이지요.

또한 우리에게 복덕이 없으므로 부처님께서는 "대행으로써 중생들에게 많은 복덕의 연을 지어주시는 것"입니다. 이른바 '대행'이란 바로 조재영겁의 육도만행(육바라밀)인데, 그분의 모든 수행과 우주법계에 가득한 복덕과 지혜의 공덕을 전부 육자명호 속에 넣어서 우리에게 보시를 해주심으로써 우리의 복덕이 되어주시고, 우리가 왕생할 수 있는 '많은 복덕의 연'이 되어주시는 것입니다.

신원행이 일체이다

"믿음과 발원으로 지명염불을 하는 이들로 하여금 염념마다 이와 같은 공덕을 성취케 하신다", 즉 믿음과 발원을 갖추고 염불하는 사람들로 하여금 염념마다 부처님과 똑같은 공덕을 성취하도록 해주신다는 것입니다.

'믿음과 발원으로 지명함(信願持名)', 즉 아미타불의 구제를 믿고 받아들이고, 아미타불의 정토에 왕생하기를 발원하며, 아미타불의 명호를 부른다면 신원행信願行은 일체一體가 됩니다. 믿음은 염불왕생을 믿는 것이고, 발원은 염불왕생을 발원하는 것이며, 행은 염불왕생을 행하는 것입니다. 신원행은 모두 '염불왕생'을 체로 삼기에 믿음은 이것을 믿는 것이고, 발원은 이것을 발원하는 것이며, 행도 여전히 이것을 행하는 것입니다.

'염념마다 성취함(念念成就)', 즉 믿음과 발원으로 염불하는 사람은 염념마다, 그가 한 번 한 번 염불할 때마다 즉시에 육자명호와 같은 공덕을 성취한다는 것입니다. 아미타불의 명호는 선근이면서도 복덕이고, 인因이면서도 연緣입니다. 염념마다 염불을 하면 염념마다 인연이 구족하고, 염념마다 인연이 구족하면 염념마다 왕생이 성취되는 것이지요. 앞의 일념은 성취되다가 다음 일념은 성취되지 않다가 하는 것이 아니고, 또 선정 상태인 일심의 염불에 도달해야만 비로소 성취되고 도달하지 못하면 성취되지 않는 것도 아니며, 또 평소의 염불로는 성취되지 않다가 임종할 때 최후의 일념이라야 비로소 성취되는 것이 아니라 믿음과 발원으로 염념염불念念念佛을 하면 염념마다 성취하는 것입니다. 성취란 바로 완성되고 결정되어 다시는 바뀔 가능성이 없다는 것이고, 염념마다 성취한다는 것은 바로 염념마다 왕생이 결정되고 성불이 결정된다는 것입니다.

'이와 같은 공덕(如是功德)', 부처님의 대원과 대행으로 성취한 공덕이 바로 명호의 공덕입니다. 그래서 앞서 '모든 중생들로 하여금 공덕을 성취케 하신다'고 말씀하신 것이지요. 어떻게 우리들로 하여금 공덕을 성취케 하실까요? 바로 당신의 대원과 대행으로 닦은 모든 공덕을 육자명호 속에 넣어 우리에게 주심으로써, 오겁 동안 사유하신 대원과 조재영겁 동안의 대행이 모두 한 구절 나무아미타불이 되어, 믿고 발원하고 염불하는 사람들로 하여금 모두 얻어서 부처님과 평등해지도록 하신 것입니다.

따라서 염불은 많은 선근과 복덕으로서, 그 많음은 부처님과 평등할 정도로 많습니다. 이 외에 또 어떤 법문이 이와 같을 수 있겠습니까?

외딴섬의 주민들이 배를 건조하기를 발원하는 비유

여기서 다시 설명을 좀 해드릴 필요가 있습니다. 어떤 사람이 말합니다. "아미타불께서 48대원을 세우셨는데, 우리가 만약 극락세계에 왕생하려 한다면 우리도 48원을 세워야 합니다. 만약에 48원을 세우지 않는다면 부처님과 상응하지 않아서 왕생할 수 없으며, 48원을 세우면 상응하여 왕생할 수 있습니다"라고 말입니다. 이런 주장은 옳을까요, 옳지 않을까요?

【대중: 옳습니다, 옳지 않습니다.】

이 주장의 옳고 그름을 떠나서 한 번 물어보겠습니다. 우리가 48원을 세울 수 있습니까?

【대중: 세울 수 없습니다!】

법장보살께서는 48원을 세우시는 데 오겁 동안의 사유를 거쳤으며, "내가 세간을 초월하는 원을 세우되, 그 발원은 모든 부처님을 뛰어넘으리"라고 말씀하셨습니다. 그분의 48대원은 제불조차도 세울 수 없는 대원들인데, 그것을 가지고 우리 오탁악세의 범부더러 세우라고 한다면 세울 수 있겠습니까?

우리는 세울 수 없습니다. 우리는 단지 하나의 원, 저 나라에 왕생하려는 발원 하나만 세우면 됩니다. 마치 석가모니불께서 『아미타경』에서 우리들에게 "이 말을 들은 중생들은 마땅히 원을 세워 저 나라에 왕생하기를 발원해야 하느니라(衆生聞者, 應當發願, 願生彼國)"고 일러주신 것처럼, 이런 마음만 있으면 됩니다. 그러면 48대원 내지 무량무변한 대원이 전부 다 있게 되겠지요. 석가모니불께서는 "이 말을 들은 중생들은 마땅히 저 나라에 왕생하기를 발원해야 하나니, 48대원을 세워 아미타불과 같이 해야 하느니라!"라고 말씀하시지 않으셨습니다. 우리가 할 수 있는 게 아니니까요!

예컨대 우리가 외딴섬에서 살고 있는데, 지금 곧 해일이 일고 사나운 바람과 거센 파도가 일어나려 합니다. 이때 어떤 사람이 우리를 구하려고 배를 몰고 오면서 소리를 지릅니다. "나의 큰 배로 올라오세요! 내가 당신들을 구해서 이 외딴섬을 벗어나도록 해주겠습니다." 그렇다면 섬에 살고 있는 주민들은 승낙을 하고 배에 오르기를 원하기만 하면 바로 선장의 마음과 상응하게 되겠지요. 선장이 우리더러 배에 오르라고 했을 때 우리가 배에 오른다면 선장의 마음을 따르는 것이니, 이것을 상응相應이라 말합니다. 만약 섬에 사는 주민들이 "선장이 큰 원을 세워 배 한 척을 건조하여 우리를 구하시겠다고 하셨으니, 우리도 큰 원을 세워 배를 건조해야 한다"라고 말한다면, 이것은 도리어 선장의 마음과 상응하는 것이 아니겠지요. "시간이 없어요! 당신들이 배를 건조할 수 없잖아요! 그래서 내가 배를 몰고 와서 당신들을 구하려는 것이니, 당신들은 나의 배에 올라타기만 하면 됩니다."

선장이 바로 아미타불이시고 큰 배가 바로 명호입니다. 우리가 육자명호를 부르기를 원하고 극락세계에 왕생하기를 원한다면 바로 아미타불의 원심願心과 상응하는 것입니다. 부처님께서는 우리들이 왕생하기를 바라고 우리 역시 왕생하기를 바란다면, 이것을 일러 "일념이 상응하면 일념이 부처"인 '나무아미타불'이라고 하지요. 당신이 거기서 아미타불의 48원을 던져버리고서 스스로 발원을 하라는 게 아닙니다. 그렇다면 아미타불께서 당신을 구제해주실 필요가 없이 당신 스스로 당신을 구제하면 되겠지요.

어린아이가 젖을 먹기를 거부하는 비유

지금 이 자리에 어머니가 되신 분들이 계시는데, 어머니가 자식에게 젖을 먹이겠다고 발원하였으나, 이 아이가 기어코 당신의 젖을 먹지 않겠다면서 스스로 '나에게 젖이 있기를 바란다'고 발원한다면 있을 수 있는 일입니까? 어머니가 자식에게 젖을 먹이려 할 때 자식이 어머니의 젖을 먹는다면 이것이 바로 모자가 상응하는 것이지요. 그러면 그가 건강하게 잘 자라날 것입니다.

아미타불 육자명호의 젖이 우리를 기르고 우리의 보리도의 싹을 증장시키고 우리의 법신혜명을 기르려고 하는데, 우리가 염불을 하면서 아미타불 육자명호라는 법의 젖(法乳)을 빨아먹는다면 이 얼마나 좋습니까! 이렇게 되면 상응한 게 아니겠습니까? 이것은 우리의 근기로서 할 수 있는 것이고, 또한 아미타불의 원심에도 부합하는 것입니다. 우리는 극락세계에 왕생한 뒤에 자연히 수승한 보리심을 일으킬 수 있습니다.

요즘과 같은 이러한 시기에 그처럼 광대한 보리심을 일으킨다는 것은 우리가 할 수 있는 게 아닙니다.

(10) 우익대사의 『미타요해』 4
계속해서 다음을 보겠습니다. 우익대사께서 말씀하십니다.

믿음과 발원으로 지명하면 부처님의 공덕을 전부 거두어

자신의 공덕이 된다.

信願持名, 全攝佛功德成自功德.

이런 말씀들은 모두 매우 힘이 있습니다.

"믿음과 발원으로 지명함", 즉 아미타불께서 당신을 구제하려 하신다는 것을 믿고, 또 당신을 구제할 수 있으시다는 것을 믿으며, 아미타불께서 당신을 구제해주시기를 원하고, 아미타불께서 당신을 구제해주시는 명호를 부르는 것입니다. 그러면 어떻습니까? '부처님의 공덕을 전부 거두어 자신의 공덕이 되는 것'입니다. '전부(全)'란 완전하여 조금도 빠뜨리지 않는다는 것이고, '거둔다(攝)'란 꽉 잡아서 흡수한다는 것입니다. 믿음과 발원으로 지명을 한다면 아미타불의 공덕을 완전히 흡수하여 자신의 공덕이 되는 데 조금의 모자람도 없습니다.

앞에서 "명호로써 공덕을 불러오는데 다하지 않음이 없다"고 말씀하시고, 여기서는 "믿음과 발원으로 지명하면 부처님의 공덕을 전부 거두어 자신의 공덕이 된다"고 말씀하셨는데, 이치는 똑같습니다.

그 다음에 말씀하십니다.

부처님의 명호를 집지하는 자는
선근과 복덕이 부처님과 다르지 않다.

그러니 낱낱의 염불소리에

전부 많은 선근과 복덕을 갖추게 된다.

持佛名者, 善根福德, 同佛無異. 則一一聲, 悉具多善根福

德也.

우리는 조사님의 이러한 해석을 읽고 나서 마땅히 재삼 절을 올려야 합니다. 조사님은 역시 조사님입니다.

부처님의 명호를 집지하는 사람은 선근과 복덕이 부처님과 차별이 없으시고, 부처님과 평등하여 똑같습니다. 우리 염불하는 사람은 선근복덕이 아미타불과 같다는 것을 감히 믿을 수 있겠습니까?

【대중: 믿을 수 있습니다.】

"아! 스님! 저도 믿는다고 대답하고 싶고, 저도 스님께서 믿는다고 대답하기를 바란다는 것을 알고 있지만, 제가 거울을 들고 제 모습을 비춰보니 그런 것 같지 않은데 어떡합니까!" 거울을 들고 비춰보면서 "아! 나 같은 사람의 선근복덕이 아미타불과 똑같다고?"라며 의심을 하지요.

우리가 염불하면 선근복덕은 반드시 부처님과 똑같습니다. 그 이유는 이 선근복덕이 모두 육자명호 속에 들어 있기에, 우리가 믿음과 발원으로 지명을 하면 곧 부처님의 공덕을 얻게 되는 것이므로 똑같아서 차별이 없는 것입니다.

누더기 천과 황금의 비유

물론 우리가 현재로서는 아직 부처님의 상호와 부처님의 지혜, 부처님의 공덕과 능력이 없지만, 그렇다고 선근복덕이 부처님과 평등하지 않다고 말해서는 안 됩니다. 여전히 평등하여 차별이 없습니다. 다만 시절인연이 아직 도래하지 않아서 우리가 염불하는 그 속에 갖춰진 선근복덕이 아직 완전히 드러나지 않았을 뿐입니다. 마치 하나의 누더기 천 조각 속에 황금을 집어넣었는데, 누더기 천을 열어보기 전에 겉모습만 보면 누더기 천에 불과하지만 실제로는 그 속에 황금이 들어 있는 것과 같습니다. 누더기 천을 열어젖히면 황금의 본색이 드러나게 되고 마음대로 가져다 사용할 수 있습니다. 우리가 아직은 이 세상에서 살고 있고 이 몸의 과보가 아직 다하지 않았기 때문에, 염불이 비록 황금이기는 하나 몸은 여전히 누더기 천과 같이 가리고 있기 때문에 보이지 않는 것입니다. 일단 몸이 망가지고 수명이 다해서 몸의 과보가 끝나 극락세계에 가게 되면 당장에 부처님과 같은 32상·80종호·삼명육통三明六通이 일시에 드러나게 됩니다. 비록 그때서야 드러나지만, 여전히 지금 염불할 때 심은 것이고 구족한 것입니다.

다음으로 "그러니 낱낱의 염불소리에"란 한 소리 한 소리의 염불마다 전부 많은 선근복덕을 포함하고 구족한다는 것입니다. 부처님의 공덕을 당연히 많은 선근과 많은 복덕이라 부르겠지요! 그럼 생각해보세요, 이제까지 육자명호 외에 다른 것을 가지고 많은 선근복덕이라 말한 적이 없습니다. 성문인 아라한은 보리 선근이 적고, 인천의 유루 복업은 복덕이 적기에 모두 적다고 말했지, 많다고 말하지 않습니다. 따라서 믿음과 발원으로 지명염불을 한다면 낱낱의 염불소리마다 모두 많은 선근과 복덕을 구족하게 됩니다.

조사님들의 교증敎證은 이 점(오직 염불만이 많은 선근이고, 다른 것들은 모두 적은 선근이다)에 대해 명명백백하게 설명해주셨기에 아주 분명하여 모호하지 않습니다.

7) 사례를 들어서 설명함

경전의 문구와 조사님의 말씀들은 '이론적인 증거(理證)'입니다. 다시 말해 교리상의 증거로써 염불은 많은 선근이고 나머지 행들은 적은 선근임을 증명하는 것이지요. 다음으로는 두 가지 실제 사례를 말씀드림으로써 '사실적 증거(事證)'로 삼도록 하겠습니다. 즉 실제 사례를 들어서 염불이 많은 선근이고 염불 이외의 수행은 선근복덕이 염불만 못하다는 것을 증명하는 것이지요. 이 두 가지 사례는 모두 홍원사에서 출간한 『염불감응록』제1집에 나오는 것입니다.

『법화경』을 독송한 비구니의 이야기

『염불감응록』제1집에 나오는「법화경을 독송하던 비구니가 관기로 환생하다(誦法華尼, 轉生官妓)」입니다. 그녀는『법화경』을 독송하던 사람이었는데, 전생에 그녀는 출가한 비구니 스님이었지요. 그러나 결국 다음 생으로 환생하고 나서 타락하여 관기가 되었다는 것입니다. 원문을 읽으면서 해석해보도록 하겠습니다.

"구양영숙이 영주에서 벼슬을 하고 있을 때이다." 구양영숙은 사람의 이름이고, 그가 영주 지방에서 지방관리를 지냈다는 것입니다. '지知'는 벼슬을 한다는 말로서, 지현知縣이라든가 지부(知府: 예전에 중국의 관명官名을 이르던 말) 등의 관직을 지냈다는 것입니다.

"관기官妓 한 명이 있었는데 입에서 연꽃향이 나왔다." 그녀가 말을 할 때 옆에 있던 사람들이 아주 맑은 향기를 맡을 수 있었는데 마치 연꽃의 향기와 같았습니다. 여러분, 이 사람은 평범하지가 않습니다! 말을 할 때마다 입에서 연꽃의 향기가 났습니다.

"전생을 아는 스님 한 분이 계셨다." 어떤 스님이 있었는데 과거와 미래를 아는 신통력이 있었지요. 그 스님이 말씀하시기를 "이 기생의 전생은 비구니 스님이었고, 『법화경』을 삼십 년 독송하였는데, 한 생각 차이로 이 지경에 이른 것이다"라고 하셨습니다. 그녀의 금생은 관기였고 전생에는 출가스님이었는데, 그녀가 수행하던 법문은 오로지 『법화경』을 독송하는 것이었지요. 『법화경』은 우리 불교에서 아주 중요한 경전입니다. 그런 『법화경』을 그녀가 삼십 년을 독송한 것입니다.

"한 생각 차이로 이 지경에 이르렀다." 무엇을 한 생각 차이라 말할까요? 바로 그녀가 정토왕생을 구하지 않은 것을 가리키는데, 이 한 생각 차이가 있었다는 것이지요. 이 한 생각 차이가 있으면 타락하지 않는 이가 없습니다.

이 스님께서 비록 이렇게 말씀하셨지만, 구양영숙은 믿지 못하고서 관기에게 물었지요.

"『법화경』을 읽은 적이 있느냐?"

관기가 대답했습니다.

"여기서 정조를 잃은 몸이 어찌 독경할 겨를이 있겠습니까?"(제가 이 지경까지 전락하여 관기가 되었는데, 어떻게 한가한 시간이 있어서 경전을 독송하겠습니까?)

그래서 "『법화경』을 건네주자 막힘없이 줄줄 독송하였다." 시험 삼아 그녀에게 『법화경』 한 권을 주자, 그녀가 비록 읽은 적이 없었지만 경을 독송하는 데 마치 흐르는 물처럼 처음부터 마지막까지 조금도 막힘이 없었습니다.

"그녀에게 다른 경전을 주자 읽지를 못하였다." 다른 경전을 바꿔서 주니까 읽을 줄 몰랐다는 것이지요.

"이로써 그 스님의 말씀을 믿을 수 있음을 알았다." 이로써 그 스님께서 하신 말씀을 믿을 수 있다는 것을 알았지요. 그녀가 전생에 『법화경』을 삼십 년 독송하여 이러한 훈습이 있었기 때문에 금생에 『법화경』을 가져다주자, 비록 금생에 경전을 독송한 적이 없었지만 독송하는 데 아주 순조롭고 아주 유창했던 것이고, 다른 경전을 줬을 때는 읽을 수 없었던 것입니다. 따라서 그녀가 전생에 틀림없이 『법화경』을 독송하였다는 것을 알 수 있었습니다.

이 사례는 송나라 때 왕일휴王日休의 『용서정토문龍舒淨土文』 속에 기재되어 있는 것입니다. 왕용서 거사께서 말씀하셨지요. "만약에 이 비구니가 서방법문을 알았었다면 상품상생도 가능했을 것이다. 이것을 몰라서 기생으로 타락하였으니, 슬프지 아니한가!" 그녀가 전생에 비구니였을 때 만약 염불하여 서방정토에 왕생을 구하는 이 법문을 알았다면, 그녀의 삼십 년 공부로써 아미타불을 불렀다면 상품상생을 하고도 남았을 텐데 그녀가 몰라서 염불을 하지 않았고, 서방정토 왕생을 구하지 않았기에 결국 금생에 환생하여 관기로 타락을 해버렸으니, 참으로 슬픈 일이라는 것입니다.

우리 이 자리에 계신 여러분들의 공행功行은 그녀를 따라갈 수 있습니까? 그녀가 삼십 년 동안 『법화경』을 독송하였는데, 우리로서는 그녀를 따라갈 수 없을 겁니다.

"이로써 알 수 있듯이 서방법문으로써 사람을 가르칠 수 있는 자는 그 구제의 공덕이 커서 복보를 어찌 쉽게 헤아릴 수 있겠는가?" 이로써 알 수 있듯이 만약 정토염불법문으로써 사람들에게 극락왕생을 구하기를 가르치면, 그럼 중생을 구제하는 공행과 힘이 매우 크고 복보 역시 매우 크다는 것입니다.

아래에 혜정법사께서 평어 하나를 적어서 화룡점정畵龍點睛을 해주셨습니다.

"생각건대, 출가하여 비구니가 된다는 것도 이미 쉽지 않은 것이고." 출가하여 수행할 수 있다는 것도 이미 쉽지가 않다는 것입니다.

"삼십 년의 고행은 더욱 쉽지 않았다." 하물며 그녀가 삼십 년의 고행으로 『법화경』을 독송했다는 것은 더욱 쉽지가 않았다는 것이지요.

"오로지 자력만 의지하고 타력의 가지加持가 없었기에 번뇌를 조복하지 못하고서 다시 윤회하여 미혹한 것이다." 그러나 그녀가 『법화경』을 독송하는 것은 자신의 수행의 힘을 의지하는 것이어서 아미타불의 대원업력의 보호와 가지가 없었고,

또 번뇌를 끊지 못했기 때문에 다시 한 번 육도윤회를 하게 되었으며, 도리어 한 생이 한 생만 못하여 전생의 수행을 미혹했을 뿐더러 금생에 더 이상 『법화경』을 독송하지 않았으며, 금생에도 출가를 못하고서 관기로 전락한 것입니다.

"다른 법문에서 도를 배우는 것은 개미가 산을 오르는 것과 같고, 염불하여 왕생하는 것은 순풍에 돛단배가 물결을 따르는 것과 같다." 기타 법문에서 불도를 이루려면 그것은 마치 개미가 산을 오르는 것과 같아서 너무나 어렵습니다. 염불왕생은 어떨까요? 마치 순풍에 돛단배처럼 물의 흐름을 따르고 바람의 흐름을 따라서 아주 빠르다는 것입니다.

"극락에 왕생하지 않으면 여전히 사바에 있게 되지만, 일단 서방에 태어나면 영원히 윤회를 끊어버린다." 당신이 극락세계에 왕생하지 않는다면 모두 사바세계에서 윤회를 하며 돌고 돌아야 하지만, 일단 서방극락세계에 왕생하기만 하면 반드시 성불할 수 있습니다.

이 비구니 스님이 삼십 년 동안 어렵게 『법화경』 수행을 하신 것도 여간 힘든 게 아니었습니다. 그럼에도 여전히 육도에서 오르락내리락하고 있습니다. 그럼 염불을 했다면 어땠을까요? 완전히 달라져서 틀림없이 서방극락에 왕생했겠지요.

최파의 이야기

다음으로 또 이야기 하나를 해드리겠습니다. 「최파가 게송을 지으니, 혀가 연꽃을 닮았다(崔婆作偈, 舌如蓮花)」인데, 『염불 감응록』 제1집에 있습니다.

최파(崔婆: 최씨 할멈), 이름만 들어도 바로 평범한 백성이고 평범한 아낙임을 알 수 있습니다. 과거에 아낙네들이 지위가 없었을 때, 그들의 이름을 기억하는 사람들이 거의 없어서 장씨 집안이면 '장파'라 부르고, 이 씨 집안이면 '이파'라고 불렀습니다. 최파는 아주 평범한 아낙이고 지위가 낮아서 이름조차 기억하는 사람이 없었지만 염불을 해서 지혜가 열렸고 게송도 지을 줄 알았으며, 나중에 그녀가 왕생한 뒤 혀의 모양은 연꽃을 닮았습니다.

송나라 때 동평東平이라는 지방에 양씨 성을 가진 집안이 있었지요. 그 집의 하인인 최파는 치주淄州 사람으로서, 선의랑 宣義郎 원명元明의 유모였습니다. '선의랑'은 관직의 이름이고, 이 사람의 이름은 원명이었습니다. 최파는 평생을 채식하였고, 성품은 아주 어리숙하고 지혜가 없었으니, "동배들과 길고 짧음을 다툴 수 없었다." 관직이 높은 집안에는 수많은 하인들이 있는데, 그녀가 그 중의 한 명이었지요. 그런데 성품이 매우 어리석고 말주변이 어눌해서 남들과 시비를 따질 수 없었지요. 옳아도 틀린 것이고, 틀려도 여전히 틀린 것이며, 무슨 일이 생겨서 그녀가 어떻다는 말만 나오면 무조건 그녀가 틀린 것이었는데, 그런대로 그녀는 그렇게 살았습니다.

그녀의 여주인인 조 부인은 "선학禪學에 뜻을 두었다." 선종을 배우고 있었다는 것이지요. 이 최파는 아침부터 저녁까지 옆에서 여주인을 모시고 살았습니다. 여주인이 불교를 믿고 있었기에 그녀도 그 영향을 받아 불교를 믿게 되었지만, 선종을 배울 수가 없었지요. 그녀처럼 이렇게 어리석은 성품으로는 선을 배우려 해도 배울 수가 없었기에, 그녀가 할 수 있는 게 무엇이겠습니까? 아미타불을 부르는 것이었습니다. 여주인은 선을 배우고 그녀는 오로지 아미타불만 불렀던 것입니다.

"경건하고 정성스런 마음으로 잠시도 멈추지 않았다." 때로는 어리석은 사람일수록 그들만의 장점이 있는데, 바로 매우 경건하고 정성스러워서 계산하고 따지는 마음이 없으며, 스스로 옳다고 여기고 스스로 총명하다고 여기는 마음이 없습니다. (그래서 인광대사께서 말씀하시길 "어리석기 짝이 없다"고 하셨지요. 그녀가 비록 어리석기는 하나 수많은 총명한 사람들도 그녀를 따라가지 못하지요.)

그녀는 염불하면 왕생할 수 있다는 말을 듣고서 염불하기를 원하고 착실하게 염불을 하였는데, 매우 경건하고 정성스러웠다는 것입니다. "잠시도 멈추지 않았다(不少輟)." 여기서 '철輟'은 멈춘다는 뜻으로, 그녀가 여태껏 염불을 멈추지 않았다는 것입니다.

"염주를 돌리지 않았기에 몇천만 번을 했는지 알 수 없었다." 그녀가 평소에 염불을 할 때 염주를 들고 숫자를 세지 않았기 때문에 그녀가 도대체 하루에 염불을 얼마나 하였는지, 평생 동안 염불을 얼마나 하였는지 알 수가 없었습니다. 아무튼, 그녀는 아주 평범하고 아주 어리숙하고 아주 본분에 충실하며 경건하고 정성스러운 염불인으로 전수염불을 한 것입니다. 그녀는 글도 모르고 아무 것도 할 줄 아는 게 없었고, 오로지 염불만 할 줄 알았습니다.

"소흥紹興 18년." 즉 1148년에, "72세가 되던 해." 그해에 그녀는 72세였습니다. 사람이 늙으면 병이 생기게 되는데, 그녀 역시 병이 나서 "설사를 하며 침대를 내려올 수 없었다." 대소변을 모두 침대 위에서 보면서 침대를 내려올 수 없었으니, 병세가 매우 심했던 모양입니다. "그러나 염불을 더욱 성실히 하였다." 비록 이렇게 심한 병에 걸렸지만 염불은 오히려 더욱 정성스럽게, 더욱 성실하고 공경스럽게 하신 것입니다.

"문득 아무 일 없듯이." 갑자기 아무 일 없었던 것 같았습니다. 염불을 하더라도 비록 병이 날 수는 있지만, 그래도 고통은 적습니다. 그녀는 게송 한 수를 지어 노래를 불렀습니다. (보세요, 글자를 모르고 유모를 하던 노파가 72세가 되어서 뜻밖에 게송을 지어서 노래를 부른 것입니다.) 그녀가 어떻게 불렀을까요? 곡조는 모르겠지만 네 구절 말씀이 있습니다.

서방으로 가는 한 길 수행하기 쉽다네.
위로는 봉우리가 없고 아래로는 구덩이도 없으니,
갈 때 신과 양말을 신을 필요 없이
연꽃을 밟으며 걸음걸음 왕생한다네.
西方一路好修行, 上無條嶺下無坑,
去時不用著鞋襪, 腳踏蓮花步步生.

이 네 구절은 매우 수수하고 매우 평이하며, 또 이해하기가 매우 쉽고 분위기 역시 매우 아름답습니다.

"서방으로 가는 길 수행하기가 쉽다네." 그녀가 말하기를, 서방극락세계에 왕생하는 이 길은 걷기가 아주 좋다고 했습니다. 이를 교리상으로는 '이행도'라 부르지요. 그녀는 '이행도'라는 세 글자를 말할 줄 몰랐기에 '서방으로 가는 길 수행하기가 쉽다'고 말한 것입니다. 그럼 어떻게 수행이 쉬울까요?

"위로는 봉우리가 없고 아래로는 구덩이가 없으니." 아마도 그녀가 사는 곳이 산간 지역이어서 집을 나서면 산을 오르거나 구덩이로 들어가야만 했기에 쉽지 않았던 모양입니다. 서방으로 가는 길은 매우 평탄하여 위로는 봉우리가 없고 아래로는 구덩이라든가 움푹 파인 곳이 없는 평탄한 대로라는 것입니다.

"갈 때 신과 양말을 신을 필요 없이." 일반적인 풍속으로는 사람이 죽었을 때 옷차림이 가지런해야 하는데, 그렇지 않으면 죽은 뒤에 입을 옷이 없다고 말합니다. 그러나 서방정토에 왕생하는 데는 그럴 필요가 없습니다. 설사 길가에서 죽어서 누구도 아랑곳하지 않는 거지가 다 헤어진 너덜너덜한 옷을 입고 맨발로 있더라도 똑같이 장엄하게 왕생합니다. 이 세상의 물건들은 그곳에 가면 아무런 쓸모가 없고, 서방극락세계에 도착하면 "도반들이 서로 와서 옷을 입혀준다"고 합니다. 보살들이 서로 앞 다투어 하늘 옷을 가지고 와서 우리에게 입혀주시므로 여기 것은 모두 쓸모가 없습니다.

"연꽃을 밟으며 걸음걸음 왕생한다네." 부처님의 명호를 부르면서 우리는 한 걸음 한 걸음 걸음마다 아미타불의 연꽃을 밟으며 걸음걸음 서방극락정토에 왕생합니다.

좋습니다! 그분이 노래하신 네 구절의 말씀은 운율과 분위기가 모두 아주 좋아서 "읊는 소리가 끊이질 않았다." 그녀는 매일매일 거기서 이 네 구절을 노래하였습니다.

그래서 사람들이 이상하다는 생각이 들어서 묻습니다.

"아, 최파! 당신이 부르고 있는 노래는 누가 지은 것입니까?"

그녀는 아주 자랑스럽게 말합니다.

"제가 지었습니다."

사람들이 또 묻습니다.

"아! 당신이 지은 것이라면, 그럼 당신은 언제 갑니까?"('서
방으로 가는 길은 수행하기가 쉽다'고 했으니, 당신이 서방으로 간
다면 언제 가느냐는 질문입니다.)

그녀가 대답했지요.

"신시에 갑니다."

옛날에는 시간을 계산할 때 요즘처럼 몇 시, 몇 시라고 말하
지 않고 12시진을 사용하였기에, "신시(申時: 오후 3시에서 5시
까지)가 되면 저는 갑니다"라고 말한 것입니다.

과연 그 시간이 되자 그녀는 편안하게 왕생하였는데, 그때
가 10월 5일이었습니다.

그래서 다들 스님들이 다비식을 하는 방법으로 그녀를 화장
하였습니다. 화장을 한 뒤 몸이 전부 다 타버렸지만 오직 그녀
의 혀만 남았는데, 그 모습이 흡사 연꽃과 같았습니다.

여러분 보세요. 이 노파는 아무 것도 모르고 단지 어리숙하
게 염불만 하였지만 왕생은 이렇게 수승했습니다. 그래서 경
전(『대집경』)에서 설하기를, "만약 어떤 사람이 아미타불을 부

르기만 하면 이를 곧 위없이 깊고 미묘한 선이라 부른다(若人 但念阿彌陀, 是卽無上深妙禪也)"라고 하신 것입니다. 그녀의 주인은 선을 닦는 분이었고, 그녀 자신은 오로지 한 구절 부처님 명호만 부를 줄 알았지만 갈 때는 이렇게 소탈하고 자재했으니, 이를 일러 '위없이 깊고 미묘한 선'이라 말할 수 있을 겁니다.

육자는 삼아승지겁을 초월한다

무엇이 많은 선근이고 무엇이 적은 선근인가에 관해서 이해가 다르면 수행도 다르게 되고, 심리상태 역시 다르게 됩니다.

만약 단지 글자만 보고 대강 뜻을 짐작하는 정도로 이해하여 '염불은 단지 한 가지 수행일 뿐인데, 그렇다면 이것은 적은 것이고, 여기다 기타 갖가지 수행을 보탠다면 이것을 많은 선근이라 부른다'고 생각한다면, 만약 이러한 생각을 갖고 있다면 마음은 불안해질 것입니다. '그렇다면 우리는 도대체 얼마나 많은 법문을 닦아야 하는가? 도대체 어느 수준에 도달해야만 비로소 많은 선근이라 할 수 있는가?'

만약 우리가 '육자명호 속에는 이미 모든 선근공덕을 총괄하고 있기에 나무아미타불 명호를 칭념하기만 한다면 바로 많은 선근과 큰 선근·위없는 선근이 있게 된다'는 것을 안다면 우리의 마음은 안정이 될 것이고, 안심하고 염불할 수 있을 것

이며, 걱정하고 두려워하며 "내가 나이도 많고, 독경도 할 줄
모르고, 다라니를 외울 줄도 모르고, 여러 가지 법문을 배울 줄
도 모르는데, 그럼 나는 도대체 왕생할 수 있는가 없는가?"라
고 말하지 않을 것입니다. 당신은 딱 좋습니다! 다른 것을 할
줄 모를수록 때마침 전수염불을 해서 아미타불의 본원에 부합
한다면, 이것이 바로 많은 선근과 복덕의 인연이 되므로 이것
으로 왕생할 수 있습니다. 그렇다면 우리에게는 기쁨이 생기
게 되겠지요.

인광대사께서도 말씀하셨지요.

삼아승지겁 동안 복과 지혜를 닦을 필요 없이
오로지 여섯 자에 의지하여 윤회를 벗어난다.
不用三祇修福慧, 但憑六字出乾坤.

이 두 구절의 말씀은 아주 유명한 말씀입니다. 수행하려면
복과 지혜를 닦아야 하는데, 자력수행에 따르면 삼대아승지
겁을 거쳐야 하므로 이른바 "삼아승지겁 동안 복과 지혜를 닦
고, 백겁 동안 상호를 심어야 한다"는 것입니다. 아득히 긴 시
간을 거쳐서 복과 지혜를 닦아야만 비로소 생사윤회를 벗어날
수 있습니다. 그러나 정토법문에서는 그럴 필요가 없지요. 당
신이 삼아승지겁 동안 복과 지혜를 닦으면서 많은 선근과 많

은 복덕을 누적할 필요가 없다는 것입니다. 그럼 무엇을 의지할까요?

"오로지 여섯 자에 의지하여 윤회를 벗어난다." 당신이 '나무아미타불' 여섯 자에 의지하기만 하면 삼계육도를 벗어날 수 있습니다.

따라서 이 육자명호는 삼아승지겁의 복과 지혜를 초월하는 큰 선근이자 큰 복덕인 것입니다.

2. 어떤 것이 '일심불란'인가

두 가지 해석

이어서 『아미타경』에서는 "명호를 집지하여 하루나…… 이레 동안 일심불란하면"이라고 설하셨는데요, '일심불란'이란 네 글자는 두 번째 관문으로서 왕왕 우리 수많은 수행자들로 하여금 보기만 해도 두려움을 느끼고 보기만 해도 뒷걸음질 치도록 만듭니다. "아이고! 일심불란의 경지에 도달할 수가 없어요!" 그리하여 심지어 끝내는 정토법문을 포기해버립니다.

　비록 염불을 많은 선근이라고 말하기는 하나, 만일 반드시 선정상태의 일심의 경지에 도달해야만 비로소 왕생할 수 있다고 말한다면, 그렇다면 이러한 많은 선근은 여전히 쉽지가 않을 겁니다.

‘일심불란’에는 두 가지 해석이 있는데, 성도문의 해석을 따른다면 아주 어렵습니다. 선정의 일심불란·사일심불란事一心不亂·이일심불란理一心不亂……, 이에 대해 당신은 꿈도 꿀 수가 없습니다. 사일심불란은 아라한의 경계이고, 이일심불란은 초지 이상 보살의 경계이므로 우리가 할 수 있는 게 아닙니다!

정토종에서 해석하는 ‘일심불란’이란 바로 ‘전심專心으로 염불하여 난잡하지 않게 한다’는 것입니다. ‘일심’이 바로 전심이고 ‘불란’이 바로 난잡하지 않다는 것으로, 잡행잡수를 하지 않는 것입니다. 이러한 해석이 바로 ‘쉬운 행(易行)’이어서 누구든지 아주 쉽게 할 수 있는 것이지요.

정토문에는 따로 규칙이 있다

그럼 왜 이처럼 서로 다른 두 가지 해석이 나온 걸까요? 그것은 입장과 관념이 다르기 때문입니다.

성도문의 관념대로라면 ‘만약 번뇌를 조복하고, 나아가 번뇌를 끊지 못한다면 생사윤회를 벗어난다는 것은 불가능한 일’입니다. 이러한 관점으로써 ‘일심불란’에 대해 해석한다면 필연적으로 ‘일심불란이 바로 선정상태의 청정함과 번뇌를 조복함’ 등이라 말하게 되겠지요. 만약에 정말로 그러하다면 정토법문은 ‘이행도’가 아니어서 ‘특별법문’이라고 부를 수 없으며, 일반법문과도 아무런 차이가 없게 됩니다. 인광대사께서

는 이것은 일반법문의 교리·일반적인 자력수행·계정혜를 닦
는 수행방법으로써 정토법문을 판단하는 것이라 하셨으며, 이
는 "가로로 벗어나는(橫超: 번뇌를 끊지 않고 윤회를 벗어남) 법
을 가지고 세로로 벗어나는(豎出: 번뇌를 끊고 윤회를 벗어남)
데 사용하고 있는 것"이라고 말씀하셨습니다.

정토법문은 본래 부처님의 원력으로 삼계를 횡초(橫超: 가로
로 벗어남)하는 것인데, 결국 자력수행으로 한 걸음 한 걸음 위
로 기어오르는 성도문의 수행과 똑같게 되었으니, 이것은 틀
려도 한참 틀린 것입니다. 이것은 일반적인 자력수행법문 관
념의 영향을 받은 것입니다.

정토법문 속으로 들어오면 마땅히 본래 수행하던 관념들은
내려놓고서 정토문의 규칙에 따라, 정토종 조사님들의 전승
에 따라 해석하고 이해해야만 비로소 정확하다고 할 수 있습
니다.

1) 이치로써 추론함

범부가 반드시 할 수 있는 것이다

본래 『아미타경』은 석가모니불께서 특별히 우리 범부들을 위
해 설하신 경으로서 수행이 쉬운 안락한 법문이었습니다. 우
리 같은 중생들을 위해 설하신 것이라면 틀림없이 우리가 할

수 있는 것입니다. 만약 '일심불란'이 그렇게 어렵고 그렇게 깊은 공부의 경지여서 오탁악세의 범부들이 도무지 할 수 없는 것이라 한다면, 그럼 석가모니불께서 이 법문을 설하신 것은 의미가 없는 것이고, 이른바 "세 가지 근기에 두루 가피를 주고 영리한 근기와 둔한 근기를 전부 거두어들인다(三根普被, 利鈍咸收)"는 말은 한 구절 빈말이 되고 말겠지요.

용수보살께서는 『이행품』에서 염불법문은 이행의 법문이요, 안락한 법문이요, 반드시 성취하는 법문이라고 말씀하셨습니다. 많은 사람들이 염불을 하는 데 아주 힘들게 염불하고 매우 쉽지 않게 염불하면서 왕생이 결정되지 않고 확신이 서지 않는다고 생각하시는데, 이것은 염불법문의 특색이 아닙니다.

어떤 연우님이 저에게 말합니다. "스님, 저는 불칠법회(佛七法會: 일주일간 지속하는 염불법회)에 자주 참가하고 있습니다."

그래서 제가 물었지요. "좋지요, 몇 번을 참가하셨나요?"

"저는 전국 각지에서 하는 법회를 열 몇 차례나 참가하였는데, 꼭 일심불란을 얻고 싶었습니다."

"아, 대단하십니다! 그래서 결과는 어떻습니까?"

"얻지 못했습니다!"

"얻지 못했다고요? 그래도 조금은 얻지 않았나요?"

"조금도 얻지 못했습니다!"

"조금도 얻지 못했다고요? 그럼 다른 사람들은요?"

"제가 개인적으로 조용히 많은 사람들에게 물어보았는데 한 사람도 얻지 못했답니다. 장 씨, 당신은 일심불란을 얻었습니까? 아니요. 이 씨는요? 아니요."

그는 도처에서 불칠법회에 참가하였는데, 사천에서 법회가 있으면 사천으로 달려가고, 복건에서 법회가 있다면 복건으로 달려갔습니다. 전국을 다 다녔지만 그가 방문한 사람치고 일심불란을 얻은 사람은 한 사람도 없었답니다.

석가모니불의 설법은 이치에 계합하고 근기에 계합합니다. 부처님께서 오탁악세의 중생들을 위해 설하신 법문이 뜻밖에도 전국을 다 돌아다녀 봐도 단 한 사람도 실천할 수 없는 것이라면 이것은 바로 근기에 계합하지 못하는 것이지요! 부처님의 설법이 근기에 계합하지 않아서가 아니라 누군가 '일심불란'을 가지고 잘못 해석하고 치우치게 해석하였기에, 우리가 듣고 나서 어렵게 느껴지고 실천할 수 없게 되어버린 것입니다.

다리를 놓는 비유

정토법문이 '이행도'라면 어디가 쉬울까요? 바로 아미타불의 크신 서원력을 의지할 수 있다는 게 쉬운 것이지요. 아미타불의 대원력이 바로 '염불왕생원'의 원력입니다. 따라서 염불은 반드시 쉬운 것이고 누구나 할 수 있는 것이어야 합니다. 만약 『아미타경』 속의 "집지명호, 일심불란"에 대해 반드시 어떻게든 깊은 선정에 들어서 망념을 일으키지 않아야 한다고 해석한다면 당연히 쉽지가 않겠지요.

여러분, 아미타불께서 우리들을 위해 설정해주신 왕생의 방법이 어려운 게 좋겠어요, 아니면 쉬운 게 좋겠어요? 여러분들이 말씀해보세요.

【대중: 쉬운 게 좋아요!】

틀림없이 쉬운 게 좋겠지요! 쉬워야만 우리가 할 수 있고, 그래야만 즐거움이 있겠지요. 만약 어려운 것이라면 우리가 할 수 있는 게 아니어서 괴로울 겁니다. 아미타불께서는 우리들의 생각을 다 알고 계십니다. 부처님은 동체대비同體大悲이시므로 우리의 괴로움을 당신의 괴로움으로 여기시고, 우리의 즐거움을 당신의 즐거움으로 여기십니다.

경에서 말씀하시기를, "중생이 괴로우면 나도 괴롭고, 중생이 즐거우면 나도 즐겁다"고 하셨습니다. 그분께서는 중생들이 죄업이 두텁고 또 매우 게으르다고 해서 일부러 어려운 방법으로 그 사람을 다스려서, 그 사람이 수행을 하면서 모진 고

초를 다 겪게 하고 나서야 비로소 그를 구제하시진 않습니다. 오히려 사전에 우리의 상황을 다 아시고 미리 우리를 위해 준비를 하시면서, "오탁악세의 중생들은 어리석어서 진리에 밝지 못하고, 죄악이 무겁고 나태하고 방일해서 전혀 수행할 수 없으므로 내가 가장 간단한 방법으로 아주 쉽게 너희들을 구제해주겠노라!"라고 말씀하시지요.

우주법계 내에서 가장 간단하고 가장 쉬운 방법이 바로 입으로 나무아미타불을 불러서 서방극락세계에 왕생하는 것입니다.

예를 들어 말하자면, 여기에 강이 하나 있는데 아주 넓습니다. 강의 동쪽은 가난하고 강의 서쪽은 부유합니다. 동쪽 사람들이 서쪽으로 가려고 하는데 다리가 없고 물살도 급해서 물에 들어가서 강을 건너려던 사람들은 한 명 한 명씩 전부 다 빠져죽었습니다. 이때 어떤 사람이 사람과 차량들이 편리하게 막힘없이 지나다닐 수 있도록 하기 위해 자비심을 내어 큰 다리를 하나 세우려고 합니다. 그는 이미 자비심에서 우러나와 시작한 일이기 때문에 여러 가지 상황들을 빈틈없이 꼼꼼히 고려하여 노인이든 어린이든, 심지어 장애인들조차도 아주 편리하게 다리를 오를 수 있고, 어떠한 차량도 전부 자유롭게 다리에 올라서 아주 순조롭게 건널 수 있게 할 것입니다. 절대 다리 입구를 오르기 힘들게 만든다거나 다리 중간에다 또 높은 담을 쌓아놓고서 가로막지 않을 것입니다.

육자명호가 바로 사바세계로부터 극락세계에 도달하는 다리입니다. 아미타불이 바로 다리를 놓은 분이고, 석가모니불이 바로 다리 입구에 서서 우리더러 올라오라고 외치는 분이지요. 우리는 단지 빈손으로 발길 따라 걸어서 다리 위에 올라 걷기만 하면 건너갈 수 있으니, 아주 간단하고 아주 쉽습니다. 따라서 누구든지 입으로 나무아미타불을 부르고 왕생을 원하기만 하면 아주 편리하고 아주 쉽게 서방극락세계로 왕생하게 됩니다.

그런데 어떤 사람들은 '일심불란'을 가지고 아주 어렵게 해석합니다. "비록 염불을 하더라도 만약에 선정에 도달하여 망념을 제거하지 못한다면 왕생할 수 없다"고 말하면서 말이죠. 그렇다면 그것은 이 큰 다리 가운데 중간 부분에다가 다시 몇 미터나 되는 높은 담을 쌓아놓고 모든 사람과 차량들을 전부 막아버리는 격이 되겠지요. 석가모니불께서 염불을 '일심불란'하게 해야 한다는 말씀이 설마 명호의 큰 다리 가운데 다시 담을 세워서 가로막는 것이겠습니까? 그럴 리가 없습니다! 그렇지 않나요? 석가모니불께서 염불을 '일심불란'하게 해야 한다는 말씀은 우리를 보호하시려는 것으로서, 우리가 염불을 조금 하다가 또 안 한다든가, 염불을 조금 하다가 또 잡행잡수를 할까봐 걱정이 되어서 그러신 겁니다.

　따라서 '일심불란'은 명호의 큰 다리 양쪽에 있는 가드레일과 같은 것이어서 우리가 다리 밑으로 추락하지 않도록 보호하려는 것이지요. 이는 마치 "잘 가세요! 조심하시고요, 발걸음이 흩트려지게 해서는 안 돼요! 이 다리를 벗어나서는 안 돼요!"라고 말하는 것과 같습니다. 따라서 '집지명호, 일심불란'이란 말은 우리에게 "너희들은 염불을 할 때 전심을 기울여야 한다! 잡다하게 하지 말고, 함부로 주장을 내세워서 유일한 길인 염불을 버리고서 다시 길이 통하지 않는 다른 수행을 해서는 안 된다!"는 당부의 말씀이었습니다.

2) 삼경을 대조하여 설명함

다음으로 관련 있는 경전의 증거를 인용하여 '일심불란'의 참뜻을 설명하겠습니다.

(1) 『아미타경』

우선 『아미타경』을 보겠습니다. 『아미타경』에서 먼저 '집지명호'를 설하고 나서 그 다음에 '일심불란'을 설하셨는데, 그 뜻은 명호를 집지하는 데 마땅히 일심불란해야 한다는 것이고, 일심불란이야말로 명호를 집지하는 것이라는 겁니다.

위험한 길에서 횃불을 드는 비유

'집지執持'라는 두 글자에는 모두 손 수(手, 扌) 변이 있는데, '집'이란 꽉 잡고 놓지 않는다는 것이고, '지'란 계속 이어져서 끊임이 없다는 것입니다. 예컨대 어둠 속에서 위험한 길을 걸을 때 횃불을 들고 길을 비추는데, 주변이 온통 칠흑 같아서 오로지 횃불을 의지할 수밖에 없다면, 필연적으로 우리는 매우 조심스럽게 한마음 한뜻으로 횃불을 꽉 잡고서 목적지에 도달할 때까지 아무렇게나 하지 않을 것이고, 또한 도중에 함부로 횃불을 버리지 않을 것입니다.

우리가 도중에서 횃불을 잡고 있는 것이 바로 일심불란입니다. 왜 그럴까요? 오직 한 자루 횃불만 있어 우리의 생명과 안전은 전부 거기에 의지해야 하므로 필연적으로 한마음 한뜻이 될 것이며, 더 이상 딴 마음을 품을 수 없기 때문에 '일심'인 것입니다. 또한 도중에 포기를 해버리고 마음대로 다른 어떤 한 가지 물건을 막 잡지 않을 것이므로 '불란'인 것입니다. 딴 마음이 생기고 흐트러졌다면(난잡) 수시로 낭떠러지와 깊숙한 구덩이로 떨어질 수 있으므로, 감히 딴 마음을 품을 수 없고 흐트러질 수도 없습니다.

'집지명호' 역시 그렇습니다. 명호가 바로 이 횃불이고, 신심이 바로 손입니다. 선도대사께서 『관경소』에서 말씀하시기를, "항상 깨끗한 믿음의 손으로 지혜의 빛을 잡는다(常以淨信

心手, 以持智慧之輝)"라고 하셨습니다. 아미타불의 명호가 바로 지혜의 횃불이므로, 삼계육도의 어둡고 위험한 길을 통과하려면 우리는 오직 이 한 구절 광명명호에 완전히 의지하여 살아서부터 죽을 때까지 끝까지 집지하여, 조금이라도 감히 이것을 버리고서 우리의 근기와 상응하지 않는 법문들을 배우지 않을 것입니다. 이렇게 하는 것이 명호를 집지하는 것이고, 이렇게 하는 것이 바로 일심불란입니다.

반면에 마음으로 집지하지 않고 딴 생각을 품고서 이리저리 망설이고 있다면 이것은 일심一心이 아닙니다. 염불이 이어지지 않고 염불이 중간 중간에 끊어지며, 염불에 전심을 기울이지 않고 염불을 좀 하다가 다시 내려놓고 다른 법문을 배우다 보면 난잡하게 되므로 그것은 불란不亂이 아닙니다.

동란하지도 난잡하지 않다

난亂에는 두 종류가 있는데, 하나는 동란動亂이고, 하나는 난잡亂雜입니다. '일심불란'이란 바로 일심으로 명호만을 의지해서 전수염불하며 동란하지 않고 난잡하지 않는 것입니다.

무엇을 '동란하지 않는다'고 말할까요? 사람들로부터 "아! 아무개여! 그대의 염불은 공부성편功夫成片에 도달하지 못했고, 청정심도 없고, 그대에게 아직 번뇌가 있고 아직 죄업이 있는데, 그렇게 해서 어떻게 왕생한단 말인가?"라는 말을 들었어도 마음이 동요되지 않고 마음이 당황하고 혼란스럽지 않으며, 그들이 이렇게 말했다고 해서 스스로 ‘글렀구나. 왕생할 수 없어!’라고 생각하지 않는 것입니다. 왜냐하면 우리는 아미타불에게 이러한 위신력과 공덕이 있으시고, 이러한 크신 서원력이 있으셔서 염불하면 반드시 왕생한다는 것을 알고 있기 때문입니다. 그런데 일반인들은 이런 말을 들으면 바로 흔들려서 “그러네요!”라고 말하지요. 그럼 마음이 혼란스럽게 되므로 일심이라 할 수 없겠지요.

무엇을 ‘난잡하지 않는다’고 말할까요? 마음이 동란(흔들리지)하지 않으면 행은 틀림없이 난잡해지지 않을 것이고, 마음이 매우 안정적이라면 우리는 착실하게 오로지 이 한 구절 명호만 부를 것입니다. 겉모습이 난잡한 사람은 마음도 틀림없이 동란할 것입니다. 그가 이 한 구절 명호를 부르면서도 뭔가 부족하다고 느끼므로, 누군가 그렇게 말하면 바로 “맞아요! 안되지요. 그럼 어떡하면 좋을까요?”라고 묻습니다.

“어떡하긴요? 우선 저와 함께 『지장경』을 독송하여 업장소멸을 합시다.”

“좋아요, 가르쳐 주세요” 그러고는 바로 『지장경』을 독송하게 됩니다.

『지장경』을 독송하는 게 좋을까요, 나쁠까요? 당연히 좋습니다! 그 다음에 『금강경』을 독송해서 지혜가 열리면 좋을까요, 좋지 않을까요? 그것도 좋습니다. 전부 다 아주 좋습니다. 이것도 좋고 저것도 다 좋은데, 최후의 왕생은 어떡합니까? 그 사람 자신은 확신이 서지 않기에 동란하고 난잡하게 되겠지요.

우리 전수염불하는 사람은 오로지 한마음으로 나무아미타불을 전념하는 데 두 가지 마음이 없으니, 이것이 바로 '일심불란'입니다.

(2) 이역본 『아미타경』

다시 『아미타경』 이역본을 보겠습니다. 현장대사께서 번역하신 『칭찬정토불섭수경』에서는 『아미타경』 가운데 '집지명호'와 '일심불란' 여덟 자를 한데 묶어서 "계념불란繫念不亂"이라는 네 글자로 번역하셨지요. 아미타불의 명호를 계념(마음에 붙들어 맴)하여 난잡하지 않게 하는 것이라면, 이것은 아주 명백하고 아주 쉽습니다. 이것 역시 우리가 앞서 말씀드린 '집지명호'와 '일심불란'은 본래부터 일체여서 따로 분리할 수 없다는 것과 똑같은 의미로서 전지명호專持名號가 바로 일심불란이고, 일심불란이야말로 비로소 집지명호입니다.

(3) 『무량수경』

아미타불께서 직접 기준을 정하시다

여러분들께 질문 하나 하겠습니다. 염불하여 서방극락세계에 왕생하라는 것은 이 사바세계에서 어느 분이 우리에게 일러주신 겁니까? 누군지 아십니까?

【대중: 석가모니불이십니다!】

예, 그렇습니다! 부처님을 제외하고는 누구도 우리에게 일러줄 수 없습니다.

다시 두 번째 질문을 드리겠습니다. 석가모니불께서 우리에게 일러주신 염불왕생과 아미타불 본인께서 설정하신 염불왕생은 다를 수가 있겠습니까?

【대중: 다를 수가 없습니다!】

다를 수가 없겠지요! 아미타불께서 "너희들이 단지 이렇게 염불만 하면 왕생할 수 있다"고 말씀하신 것을, 석가모니불께서 "너희들은 반드시 저렇게 염불해야만 왕생할 수 있다"고 말씀하셨다는 것은 있을 수 없는 일입니다! 왜냐하면 부처님과 부처님의 도는 동일하기 때문입니다. 석가모니불께서 우리에게 일러주신 염불과 아미타불의 48원 가운데서 설정하신 염불은 틀림없이 똑같은 것이어서 절대 다르지 않을 겁니다.

아미타불의 48원 가운데 제18대원을 '염불왕생원'이라 부릅니다. 이 원에서는 우리가 마땅히 어떻게 염불왕생할 것인가에 대해 규정을 해주셨는데, 이것은 아미타불께서 직접 정해주신 기준입니다. 석가모니불이든 시방제불이든 제대보살들이든, 염불하여 서방정토에 왕생하는 법문을 설하신다면 절대 아미타불의 제18원을 벗어날 수 없습니다.

왕생의 근원

『아미타경』에서 말씀하신 염불왕생은 당연히 아미타불의 48원 가운데 제18원에서 유래한 것입니다. 무릇 석가모니불께서 일대 불교 중에서 극락세계의 장엄을 설하시고 중생들이 극락세계에 왕생하는 방법 등을 설하신 내용들은 전부 『무량수경』의 48원을 벗어날 수 없습니다. 특히 정토삼경은 더욱 한 맛의 경전이고 한 맛의 도이며 하나의 성질입니다. 예컨대 『아미타경』 가운데 "임명종시에 부처님과 성인 대중들이 그 사람의 앞에 나타나서"라는 이 단락의 경문이 바로 48원 가운데 "임종 시에 대중들과 함께 그 사람 앞에 나타나지 못한다면 성불하지 않겠다"는 제19원의 내용입니다. 그렇지 않나요? 이 제19원이 있었기 때문에 『아미타경』에 임종의 내영이 있는 것입니다.

또 있습니다. 『아미타경』에서 "저 부처님의 국토에는 삼악도가 없느니라. 사리불이여! 그 부처님의 국토에는 악도라는 이름조차 없거늘, 하물며 실지로 있겠느냐!”라고 설하셨는데, 이것은 48원 가운데 제1원 ‘무삼악도원無三惡道願’과 제16원 ‘국무악명원國無惡名願’에서 유래한 것입니다. 48원 가운데 제1원에서 “내가 성불할 때, 나의 국토에 만약 지옥·아귀·축생 등의 삼악도가 있다면 나는 성불하지 않겠다!”라고 설하셨기 때문에 『아미타경』에서 ‘극락에는 삼악도가 없다’라고 설하신 것이지요. 또 제16원에서 “내가 성불할 때, 국토에 오로지 선만 있어서 나쁜 이름조차 들을 수 없을 것이다”라고 설하셨기 때문에 『아미타경』에서 “악도라는 이름조차 없거늘, 하물며 실지로 있겠느냐”라고 설하신 것이지요.

한마디로 극락세계의 갖가지 장엄한 모습에 대한 기술들은 전부 48원과 밀접한 관계가 있습니다. 염불왕생을 설한 부분이라면 바로 48원 가운데 제18원 ‘염불왕생원’의 내용입니다. 선도대사께서 『아미타경』의 종지에 대해 해석하면서 말씀하시길, “오로지 아미타불의 명호를 불러 왕생한다(專念彌陀名號得生)”라고 하셨는데, 오로지 나무아미타불을 부르는 것, 이것이 바로 제18원 ‘염불왕생원’의 내용입니다. 따라서 우리가 정토종을 배우고 염불을 배우려 한다면 아미타불의 서원을 벗어날 수 없다는 것은 그 이치가 자명합니다.

판매업자의 비유

예컨대 한 가지 제품에는 생산업자가 있고 판매업자가 있습니다. 판매업자가 판매하는 제품이 바로 생산업자가 생산한 것인데, 어떻게 판매업자가 판매한 제품이 생산업자가 생산한 제품과 다를 수가 있겠습니까? 만약 다르다면 이것은 판매업자가 위조제품을 만들어서 소비자들을 속이는 것이겠지요. 이것은 하나의 비유입니다.

아미타불은 생산업자이시고, 석가모니불과 육방의 항하사 제불은 모두 판매업자들입니다. 그분들은 무엇을 판매합니까? 육자명호를 판매합니다. 그분들이 말씀하신 염불 방법은 아미타불 본인이 세우신 제18원을 벗어날 수 없으며, 반드시 하나의 근원, 하나의 맛으로서 절대 거짓이 섞여 있지 않습니다.

따라서 선도대사께서 『관경』을 해석하시고 『아미타경』을 해석하신 것은 모두 아미타불의 염불왕생의 본원의 입장에 서서 해석하신 것입니다.

서방극락세계에 왕생하기를 염원하는 사람으로서 우리는 시시각각 단단히 아미타불께서 세우신 48원을 기준으로 삼아서 우리들이 왕생하는 길을 탐구해야 할 것입니다.

제18원의 경문

제18원에서 중생들이 '지극한 마음으로 믿고 기뻐하며 나의 나라에 왕생하고자 내지 십념'만 하면 반드시 왕생한다고 말씀하셨습니다.

'십념十念'에 대해 선도대사께서 '십성十聲'으로 해석하신 것은, 입으로 명호를 부르는 지명염불持名念佛입니다. 『아미타경』에서도 '명호를 집지할 것'을 말씀하시고, 『관경』에서도 '무량수불의 명호를 지닐 것'을 말씀하셨는데, 이런 것은 모두 일치하는 것입니다.

석가모니불께서 『아미타경』에서 지명을 '일심불란'하게 해야 한다고 설하셨고, 아미타불께서는 제18원에서 칭명을 하는 데 있어 '지극한 마음(至心)·믿고 기뻐함(信樂)·왕생을 하고자(欲生)' 하는 마음이 있어야 한다고 하셨습니다. 두 가지를 대조해 보면 '일심'이란 바로 '지심·신락·욕생'하는 마음, 믿고 발원하는 마음이지, 어떠한 선정의 마음은 아니라는 것을 알 수 있습니다. 그런 까닭에 선도대사께서는 어떨 때는 '일심으로 믿고 기뻐함(一心信樂)'을 말씀하시고, 어떨 때는 '일심으로 왕생을 염원함(一心願生)'을 설하신 것입니다. 다시 말해 당신이 한마음 한뜻으로 아미타불의 구제를 믿고 받아들이고 서방극락세계에 왕생하기를 발원하여 의심하지 않고 퇴전하지 않는 것, 이것이 바로 '일심불란'이라는 것입니다. 이것 역시 전혀 어렵지 않습니다.

삼배왕생문

『무량수경』하권의 '삼배왕생문三輩往生文' 가운데 상배·중배·하배에서 모두 '한결같이 오로지 무량수불을 부를 것(一向專念無量壽佛)'을 말씀하셨습니다. 이를 선도대사께서 해석하시기를, "일체중생은 근성이 달라 상중하가 있는데, 그 근성에 따라서 부처님은 모두가 오로지 무량수불의 명호를 부를 것을 권유하셨다"라고 하셨습니다. 이로써 '일향전념'이야말로 석가모니불께서 일체중생에게 염불을 권유하시는 지도원칙의 전체(총강령)이자 요구하시는 전부(총요구)이니, 당신이 상근기이든 중근기이든 하근기이든 간에 모두 '일향전념'을 해야 한다는 것을 알 수 있습니다.

『아미타경』에서 상대하고 있는 근기들이 삼배 밖을 벗어날 수 없다면, 그렇다면 '일심불란'이 바로 '일향전념一向專念'입니다. 일심으로 아미타불을 향하되 다른 불보살님들을 향하지 않기 때문에 '일향'이 바로 '일심'인 것이고, 오로지 아미타불의 명호를 부르되 다른 수행과 다른 법문을 섞지 않기 때문에 '전념'이 바로 '불란.' 즉 난잡하지 않다는 것입니다. 따라서 '일향전념'이 바로 '일심불란'입니다! 이것 역시 전혀 어렵지 않습니다.

(4) 『관경』

다시 『관경』을 보겠습니다. 『관경』에서 비록 정선십삼관定善十三觀과 산선삼복업散善三福業을 설하셨으나, 마지막 '유통분'에서 석가모니불께서 아난에게 부촉하신 것은 13정관도 아니요, 산선삼복도 아니며, 『관경』의 뜻을 드러내는 순서에 따라 마지막 관법·마지막 일품인 하하품(하품하생)의 칭명염불을 부촉하시면서 "아난아! 그대는 무량수불의 명호를 잘 지녀야 하느니라(阿難! 汝好持無量壽佛名)"라고 설하셨습니다. 하하품의 지명염불은 어떠한 지명이었습니까? 경문에서 말씀하셨지요. "지극한 마음으로 소리가 끊이지 않게 하여 십념을 구족하게 나무아미타불을 부른다(至心令聲不絶, 具足十念, 稱南無阿彌陀佛)." 이것은 『아미타경』의 "명호를 집지하여 하루나…… 이레 동안 일심불란하면(執持名號, 若一日…… 若七日, 一心不亂)"과 『무량수경』'제18원'에서 말하는 "지극한 마음으로 믿고 기뻐하며 나의 나라에 왕생하고자 내지 십념으로(至心信樂, 欲生我國, 乃至十念)"와 모두 동일한 뜻이 내포되어 있습니다. 왜냐하면 똑같이 정토삼경이고, 똑같이 석가모니불께서 설하신 것이며, 똑같이 아미타불의 명호를 지념持念할 것을 설하셨고, 똑같이 아미타불의 제18원에서 유래한 것이기 때문이니, 서로간에 일치하지 않을 수 없습니다.

서로 대조를 해본다면, 『무량수경』 제18원에서 말하는 '십념'의 '염念'과 『관경』하하품에서 말하는 '나무아미타불을 칭념함'의 '칭稱'과 『아미타경』에서 말하는 '집지명호'의 '집지執持'는 동일한 종류로서 모두 염불하는 방식, 입으로 부처님의 명호를 부르는 것을 말하므로, 이른바 지명염불이란 실상實相·관상觀想·관상觀像·참구參究 등에서 말하는 염念이 아닙니다.

제18원의 '지심·신락·욕생'과 『관경』하하품의 '지심', 『아미타경』의 '일심'도 동일한 종류로서 모두 염불하는 심리, 즉 믿음과 발원의 마음을 말하는 것이지 결코 선정·청정·망념을 제거하는 등의 마음은 아닙니다. 하하품의 중생이 임종 시에 지옥의 광경이 전부 나타났는데, 그에게 무슨 선정심·청정심 등이 있겠습니까? 그에게는 단지 일심으로 구원을 바라고 일심으로 의지하려는 마음, 즉 우러러 구제를 바라는 마음뿐이었습니다.

제18원의 '내지'와 『관경』하하품의 '소리가 끊이지 않게 함'과 『아미타경』의 '불란'도 동일한 부류로서 모두 염불하는 모습과 형태, 즉 전일하여 잡다하지 않고 계속 이어져 끊이지 않는 것을 말합니다. 선도대사께서는 (『관경』의) '소리가 끊이지 않게 함'을 '소리소리 이어지게(聲聲相續)'라고 해석하셨지요.

나아가 '내지 십념'과 '십념을 구족하게(具足十念)'와 '하루나…… 이레 동안'도 같은 부류로서 모두 염불하는 시절을 가리키는 것입니다. 다시 말해 일평생 동안 염불하는 사람은 십념·하루·이레에 국한되지 않는다는 것이니, 단지 중생들이 염불을 만나는 시간이 다르고 수명의 길고 짧음이 다르기 때문에 표현을 달리한 것뿐입니다. 이에 대해 선도대사께서 전체적으로 해석하시기를, "위로는 백년을 다하고, 아래로는 이레·하루·십성·삼성·일성 등(上盡百年, 下至七日, 一日, 十聲, 三聲, 一聲等)"이라 하셨습니다.

이렇게 해서 정토삼부경에서 설하신 염불의 시절에는 비록 길고 짧음의 차이가 있지만 전부 그 속에 포함되어 있고, 실질적으로 지목하는 바도 모두 같은 것이어서 모두 일평생의 염불입니다. 이른바 "한번 발심하고 나서 맹세코 이번 생을 마칠 때까지 퇴전하지 않으며, 오직 정토를 기약한다(一發心以後, 誓畢此生, 無有退轉, 唯以淨土爲期)"는 것이지요.

이렇게 『아미타경』과 『관경』을 비교해 보면 '집지명호'가 바로 '나무아미타불을 부르는 것'이고, '일심불란'이 바로 '지극한 마음으로 끊이지 않는 것'이요, 바로 일심으로 아미타불의 구제에 귀명하고 의지하여 끊임없이 아미타불의 명호를 칭념하며 잡다하게 뒤섞지 않는 것입니다. 이것 역시 아주 쉬워서 어렵지 않습니다.

하하품의 중생이 비록 임종 시 죽음의 고통에 시달려서 마음이 한없이 두렵고 당황스러워 전혀 선정이 없었지만, 그는 일심불란하게 염불하였습니다. 왜 그럴까요? 구원을 바라기 때문이지요! 남에게 목숨을 구해주기를 바라는 마음이 바로 일심인데, (그 상황에서) 어떻게 이심二心이 있을 수 있겠습니까! 이때는 일심으로 남이 구해주기를 바라므로 다른 개인적인 생각은 조금도 섞이지 않을 겁니다. '남의 구제가 필요 없이 나 스스로 나 자신을 구제할 수 없을까? 상대방이 나를 구제할 수 있을까? 나를 구제할 수 없다면 어떡하지? 나 스스로 다시 다른 방법을 생각해야 하지 않을까?' 이런 생각들을 모두 할 수가 없기 때문에 자연히 일심불란이 되는 것이지요.

하하품에서 임종 시 고통에 시달리던 중생도 할 수 있는 것이라면 어느 누가 할 수 없겠습니까? 정말로 할 수 없는 사람이 있다면, 그것은 공부가 부족해서가 아닙니다. 하하품의 사람에게 무슨 공부가 있습니까? 구제를 바라는 마음이 없고 귀명하지도 않고 착실하지도 않고 도리어 교만하다면, 이것이 바로 이심이고 난잡한 것이어서 일심불란에 도달할 수 없는 것입니다. 그런 까닭에 선도대사께서는 우리에게 "자신은 현재 죄악생사범부로서 광겁 이래 항상 침몰하고 항상 유전하며, 출리의 기연이 없다는 것을 결정코 깊이 믿어야 한다(決定深信, 自身現是罪惡生死凡夫, 曠劫以來, 常沒常流轉, 無有出離之

緣)"고 가르치며 이끌어주신 것이지요. 우리가 이렇게 깊이 믿을 수만 있다면 우리가 바로 하하품의 중생입니다.

3) 조사의 해석

(1) 선도대사의 『법사찬』

'일심불란'에 대해 선도대사 역시 당신의 해석이 있습니다. 선도대사께서는 『법사찬法事讚』에서 "전념하고 또 전념하라(專復專)"는 세 글자로써 '일심불란'을 해석하셨지요.

> 아미타불을 전념하고 또 전념하라 가르치네.
> 教念彌陀專復專.

앞에서 우리도 배웠지요. 석가모니불께서 우리에게 아미타불을 부르라고 가르쳐주셨는데, 어떻게 부르라고 하셨습니까? 우리에게 '하루나 이레 동안 일심불란해야 한다'고 가르쳐주셨지요. '일심불란'에 대해 선도대사께서는 '전념하고 또 전념하라'고 해석하셨는데, 우리더러 '전일하고 또 전일하게' 염불하라고 가르치신 것입니다.

전일하게, 더욱 더 전일하게 하라는 말씀인데요, 마음도 전일하고 행도 전일하고, 안에서도 전일하고 바깥에서도 전일하며, 사람들 앞에서도 전일하고 사람들 뒤에서도 전일하며, 현재도 전일하고 장래에도 전일해야 한다는 것입니다. 아무튼 하나의 '전專'자입니다. '일심'이 바로 전심傳心이고, '불란'이 바로 난잡하지 않는 것, 기타 법문을 잡행잡수하지 않는 것입니다. 따라서 아주 간단하여 '일심불란'이 바로 '전專'입니다.

(2) 선도대사의 『관경소』 1

『관경사첩소』 제1권 「현의분」에서 말씀하셨습니다.

> 만약 선남자 선여인이 아미타불에 대한 설법을 들으면 곧 마땅히 명호를 집지하여 하루나 이레 동안 일심으로 왕생을 염원해야 한다.
> 그러면 임종할 때 아미타불께서 여러 성인대중들과 함께 영접하여 왕생한다.
> 若有善男子, 善女人, 聞說阿彌陀佛, 卽應執持名號, 一日乃至七日, 一心願生;
> 命欲終時, 阿彌陀佛, 與諸聖衆, 迎接往生.

이 단락에 대한 선도대사의 해석에 의하면 '일심불란'이 바로 '일심으로 왕생을 염원하는 것(一心願生)'임을 아주 분명하게 알 수 있습니다. 당신이 한마음 한뜻으로 서방극락세계에 왕생하기를 발원하는 것, 이것이 바로 '일심불란'입니다.

'집지명호' 앞에다 선도대사께서는 '즉응(卽應: 곧 마땅히)'이란 두 글자를 더하셨는데, 이것은 석가모니불께서 우리들에게 권하여 가르치신다는 의미를 나타내는 것으로, 이른바 '아미타불을 전념하고 또 전념하라 가르치시네'에서의 '가르침'입니다.

(3) 선도대사의 『관경소』 2
『관경소』「산선의」에서 말씀하셨습니다.

　모든 범부들이 하루나 이레 동안
　일심으로 아미타불의 명호를 전념하면
　반드시 왕생한다.
　一切凡夫, 一日七日, 一心專念, 彌陀名號, 定得往生.

선도대사께서 '집지명호, 일심불란'이라는 경문을 한데 합쳐서 '일심전념一心專念'으로 해석하셨는데, 어렵습니까?
【대중: 어렵지 않습니다.】

'일심전념'은 조금도 어렵지 않아요! 당신이 이 명호를 부르기를 원치 않으면 몰라도.

물론 어렵지 않다고 말할 수도 있고 어렵다고 말할 수도 있습니다. 수많은 사람들은 그래도 전념할 수 없습니다. 이 어려움은 법문이 어려운 데 있는 게 아니라 우리 스스로가 받아들이기를 원치 않는 데 있습니다. 오로지 한 구절 명호를 부르는 데 무슨 어려움이 있겠습니까? 당신은 아침부터 저녁까지 이 여섯 자만 부르면 되거든요. 만약에 당신더러 반드시『법화경』·『화엄경』등을 외우라고 한다면 그것이야말로 어려운 것이지요. 그러나 여섯 자는 아무리 어렵다 해도 누구나 외울 수 있기에 일심으로 전념하기만 하면 됩니다.

(4) 선도대사의『관념법문』

『관념법문』에서도 말씀하셨지요.

만약 어떤 남자와 여인이 하루나 이레 동안
일심으로 아미타불의 명호를 전념한다면
그 사람이 임종할 때 아미타불께서 여러 성중들과 함께
자연히 영접하러 오셔서
곧바로 서방극락세계에 왕생한다.
若有男子, 女人, 或一日, 七日, 一心專念, 彌陀佛名.
其人命欲終時, 阿彌陀佛與諸聖衆, 自來迎接,
卽得往生, 西方極樂世界.

앞에서와 마찬가지로 선도대사께서는 똑같이 '일심전념'을 가지고 지명의 '일심불란'을 해석하셨는데, 역시 하나의 '전専' 이었습니다.

(5) 선도대사의 『왕생예찬』
『왕생예찬』입니다.

만약 어떤 중생이 아미타불에 대한 설법을 들었다면
곧 마땅히 명호를 집지하여
하루나 이틀이나 이레까지
일심으로 칭명염불을 하여 난잡하지 않아야 한다.
그러면 임종할 때 아미타불께서
여러 성중들과 함께 그 사람 앞에 나타나게 되는데,
이 사람이 목숨을 마칠 때 마음이 뒤바뀌지 않고
곧바로 저 나라에 왕생하게 된다.
若有衆生, 聞說阿彌陀佛, 卽應執持名號,
若一日, 若二日, 乃至七日, 一心稱佛不亂;
命欲終時, 阿彌陀佛, 與諸聖衆, 現在其前;
此人終時, 心不顚倒, 卽得往生彼國.

선도대사께서는 경문인 '일심불란'의 중간에다 두 글자 '칭불칭불佛'을 더하여 '일심칭불불란一心稱佛不亂'이라 하셨는데, 이렇게 해서 앞의 문장을 받아서 뒤의 문장을 잇는 작용을 일으키니, 그 의미는 아주 분명합니다. 일심으로 무엇을 합니까? 일심으로 칭불稱佛을 합니다. 칭불을 어떻게 합니까? 칭불을 불란不亂하게 합니다. 즉 한마음 한뜻으로 부처님의 명호를 불러서 난잡하지 않게 하는 것이지요. 이것은 아주 명백하고 아주 분명하지 않나요? 어디에 그처럼 심오하고 복잡한 게 있습니까!

한 글자, 전專

우리가 앞서 선도대사께서 하신 '일심불란'에 대한 해석을 보면 모두 아주 간단하여 조금도 복잡하지 않고 누구나 이해할 수 있고 실천할 수 있는 것이었습니다. 그 어느 곳에서도 어떻게 선정을 닦아서 마음을 쉬어야 하고 망념을 일으켜서는 안 된다고 말씀하시지 않으셨으며, 도처에서 아주 간절하게 말씀하십니다. "너희들은 일심으로 전념해야 한다. 전專! 전專!" 아무튼 선도대사께서 '일심불란'을 해석하시는 데는 하나의 '전' 자를 강조하십니다. '전'이 바로 '일심'이고, '전'이 바로 '불란'이므로, 이는 석가모니불께서 『무량수경』에서 말씀하신 '일향전념'에 부합합니다.

서방정토는 어지러운 것을 싫어하지 않는다

이뿐만이 아니라 선도대사께서는 따로 특별히 설명도 하셨는데, 석가모니불께서 『아미타경』에서 특별히 서방극락세계를 가리켜 보이시며 우리더러 왕생하라고 타이르신 이유가 바로 극락세계는 '범부들의 어지러운 생각(凡夫亂想)'을 싫어하지 않기 때문이라는 것이었습니다. 『법사찬』에서 다음과 같이 말씀하셨습니다.

모든 불국토가 다 장엄하고 청정하여
범부의 어지러운 생각으로는 왕생하기 어렵도다.
여래께서 특별히 서방국을 지목하시니
여기서부터 십만 억(불국토)을 지나야 하느니라.
一切佛土皆嚴淨, 凡夫亂想恐難生;
如來別指西方國, 從是超過十萬億.

모든 제불의 국토는 전부 다 매우 장엄하고 청정하기 때문에 어지러운 망상으로 분분한 범부들이 왕생할 수 있는 것이 아닙니다. 제불 국토에 왕생하려면 반드시 마음을 고요히 하여 성자의 경지를 깨달아 들어가야 하는데, 이것은 말법시대 오탁악세 범부들의 입장에서는 불가능한 일입니다. 그런 까닭에 석가모니불께서 특별히 십만억 불국토 밖에 있는 서방극락세계를 가리켜 보이시며 우리더러 왕생하라고 타이르신 것이지요. 왜냐하면 극락세계는 범부들의 어지러운 생각을 싫어하지 않고, 마음을 쉬고 망념을 제거해야 한다고 요구하지 않으며, 오로지 아미타불의 명호만 부르면 되기 때문입니다.

선도대사께서는 아미타불의 화신으로서 손색이 없으시므로, 그분의 해석으로 우리는 안심할 수 있습니다! 그 밖의 천 가지 만 가지 해석들은 설명하면 할수록 복잡하고, 설명하면 할수록 심오해서 아미타불의 본원에 부합하지 않을 뿐더러 우리의 근기에도 부합하지 않아 끝내는 왕생의 몫을 잃게 됩니다.

세 경전의 종지가 일치하다

선도대사의 해석에 의거하면 『아미타경』·『무량수경』과 『관무량수경』에서 설하신 염불은 완전히 일치하여 모두 지명持名을 말하고 있고, 모두 아주 쉽고, 모두 아미타불의 제18원 '염불왕생원'을 핵심으로 삼고 있습니다.

그렇지 않으면 우리는 이런 느낌이 들 겁니다. '아니! 『무량수경』에서는 왕생이 아주 쉽다고 말씀하셨는데, 『관경』에서 말씀하신 것은 너무나 어려운 관상觀想을 해야 한다는 것이고, 『아미타경』에서 말씀하신 것 역시 어려운 것이어서 선정에 도달하여 망념을 쉬어야 하고……’ 이렇게 되면 일치하지가 않 겠지요.

선도대사께서 이 삼부경의 사상을 해석하신 것은 완전히 일 치합니다. 다시 말해 ‘일심불란’이 바로 『무량수경』에서 말씀 하신 ‘일향전념’입니다.

배고픈 사람에게 빵을 보시하는 비유

선도대사의 해석은 우리에게 안심을 줍니다. 염불로 안심하 면 옳은 것입니다. 아직도 수많은 사람들이 염불을 하면서 안 심을 하지 못하고 있고, 우리도 상당히 긴 시간 동안 안심하지 못했습니다. ‘염불하면 정말로 왕생할 수 있을까? 만에 하나 왕생하지 못하면 어떡하지? 그럼 큰일 난 거 아니야?’

안심할 수 있다는 것은 쉬운 게 아닙니다.

우리는 무엇을 의지하여 안심할까요?

우리가 안심하려면 안심할 만한 물건이 있어야 하는데, 우 리 자신이 스스로에게 안심을 줄 수는 없습니다.

예컨대 어떤 사람이 배가 고파서 곧 죽게 생겼는데, 만약 당 신이 그에게 사과든 빵이든 먹을 것을 주지 않는다면 그가 안 심할 수 있겠습니까? 말로만 “아무개님, 안심하세요! 절대 죽 지 않을 거예요!”라고 말하면서 그에게 빵을 주지 않는다면 그가 안심할 수 없겠지요. 그를 안심시키는 것은 아주 간단하니, 그에게 빵만 주면 안심시킬 수 있습니다.

'걱정'으로부터 '안심'으로 나아가는 데는 두 가지 방법이 있습니다.

어떤 사람은 자신의 공부에 의지하려 합니다. "내 염불이 공부성편功夫成片이 되고 몽매일여夢寐一如가 되면 안심할 수 있어!"라고 말입니다. 그러면 갈수록 걱정만 늘어나게 되는데, 우리가 할 수 있는 것이 아니기 때문입니다. 처음에는 그래도 웬만하면 도달할 수 있을 거라고 생각하지요. 좋아요. 삼년을 노력해 보니까 삼년 뒤엔 더욱 걱정이 됩니다. "아아! 삼년이 지났는데도 도달하지 못했구나!" 또 삼년이 지나 최후에는 포기를 해버립니다. 애초에는 걱정이었는데 지금은 도리어 두려운 마음으로 바뀌었습니다.

그럼 어떡해야만 안심할 수 있을까요? 아미타불의 서원이 우리로 하여금 안심할 수 있게 해주는 겁니다. 아미타불께서 우리에게 보증을 해주시기를, "아무개야, 너희가 나의 명호를 부르기만 하면 걱정할 거 없다. 임종할 때 내가 너희를 영접하러 올 것이니 반드시 나의 정토에 왕생할 것이다."

우리는 그래도 또 묻습니다. "만에 하나 왕생할 수 없으면요?"

"만에 하나 왕생할 수 없다면 내가 책임지겠다!"

"어떻게 책임지실 건가요?"

"너희가 왕생할 수 없다면 나는 맹세코 성불하지 않겠다. 내가 성불의 공덕으로써 너희의 왕생에 대한 책임을 지겠다. 나는 이 책임을 질 수 있다."

여러분! 오직 아미타불만이 우리의 이 책임을 질 수 있습니다. 우리가 만일 왕생할 수 없다면 그분께서 전부 책임을 져주시겠다는 겁니다. 다른 사람들은 그 누구도 이 책임을 질 수가 없습니다. 우리 자신도 책임질 수 없으므로, 우리가 왕생할 수 없다면 여전히 왕생할 수 없는 겁니다.

따라서 왕생이라는 이 일은 전적으로 아미타불께서 처리해주시는 것입니다.

(6) 원신대사의 안심법어

일반인들은 염불을 하더라도 항상 '망상이 있고 망념이 있어서 마음이 청정하지 않은데 어떻게 왕생할 수 있단 말인가?'라며 걱정을 합니다. 우리는 다음으로 원신(源信: 일본의 고승. 985년에 『왕생요집往生要集』 저술)대사의 염불법어 한 단락을 살펴보도록 하겠습니다.

망념은 본래 범부의 본체여서 망념 밖에 따로 마음이 없으니,

임종에 이를 때까지 여전히 한결같은 망념범부라네.

이를 알고 염불하면 곧 (부처님의) 영접을 받게 되니,

연화대에 오를 때 망념은 각심覺心으로 바뀐다네.

망념으로부터 나온 염불은 마치 연꽃과 같아서 더러운 진

흙에 물들지 아니하여

결정코 왕생하니 의심하지 말지어다.

망념이 많음을 싫어 말고 마땅히 믿음이 얕음을 한탄하라!

그러므로 깊은 믿음으로 항상 아미타불의 명호를 부를지

어다.

妄念原是, 凡夫本體, 妄念之外, 別無心也.

直至臨終, 猶是一向, 妄念凡夫.

知此念佛, 卽蒙來迎.

乘蓮台時, 能翻妄念, 成爲覺心.

從妄念中, 所出念佛, 猶如蓮花, 不染汙泥.

決定往生, 不可有疑.

莫厭妄念多, 應歎信心淺.

故以深信心, 常稱彌陀名.

　이 법어는 이해하기가 아주 쉬워서 제가 이렇게 읽어내려
가면 아마 어떤 분들은 벌써 그 뜻을 이해했을 겁니다. 알아듣
기가 아주 쉽고 우리를 아주 안심하게 해주지요.

"망념은 본래 범부의 본체여서 망념 밖에 따로 마음이 없다." 이는 우리 범부들의 상태를 설명하는 것인데, 우리는 어떤 중생입니까? 경문이든 아니면 조사님의 해석이든 '범부' 앞에다 왕왕 '죄업'을 짓는 범부·'윤회'하는 범부·'망념'의 범부·'난상亂想'의 범부·'부정不淨'한 범부 등등의 수식어들을 갖다 붙이는데, 이것은 우리의 본래면목입니다. "망념은 본래 범부의 본체이다"란, 범부라면 곧 망념을 본질로 삼고 체성體性으로 삼는다는 것입니다. "망념 밖에 따로 마음이 없다"란, 망념을 제외하면 따로 마음이 없다는 것이지요. 그래서 "임종에 이를 때까지 여전히 한결같은 망념범부이다"라고 했습니다. 태어나면서부터 죽는 날까지 당신은 망념으로부터 벗어날 수 없고, 당신이 바로 망념의 범부라는 것입니다. 망념을 여의었다면 성인이지 절대 범부가 아니지요.

흙으로 빚은 소상과 숯의 비유

예컨대 진흙으로 빚은 소상塑像은 진흙으로 빚었기 때문에 진흙이 바로 소상의 본체입니다. 당신이 아무리 그것을 씻는다 해도 깨끗이 씻을 수 있겠습니까?

용왕묘龍王廟 속에 진흙으로 빚은 용이 있는데, 그 위에 먼지가 있어서 당신이 그것을 깨끗이 씻으려 한다면, 가장 안쪽에 있는 용의 힘줄까지 씻는다 해도 여전히 흙일 것입니다. 흙으로 빚어진 거니까요. 따라서 아무리 어떻게 해봐도 그것은 역시 흙을 벗어날 수 없겠지요.

우리 범부들이 바로 망상으로 이루어졌기에, 망념이야말로 우리의 본체이므로 우리가 아무리 어떻게 해봐도 그것으로부터 벗어날 수 없습니다. 때로는 가상假相이 나타나 좀 청정해진 것처럼 느껴지지만 그것은 거친 망념이 조금 적어졌을 뿐, 미세한 망념은 여전히 매우 많습니다. 만약 이러한 알아차림이 있다면 우리는 그것(망념)이 항상 존재하고 있다는 것을 발견할 수 있습니다.

또 예컨대 숯이 한 덩어리가 있는데, 그것은 어떻게 하든 간에 모두 검정색이어서 당신이 아무리 씻어도 깨끗해지지 않으며, 아무리 씻어도 숯은 흰색으로 변하지 않습니다. 당신이 아무리 씻어도 여전히 검정색이고, 그것으로 그림을 그려봐도 여전히 검정색 선이 나올 겁니다.

우리의 망상심은 숯과도 같아서 우리가 아무리 어떻게 해봐도 전부 암흑이며 무명이고 죄를 짓는 중생일 뿐입니다. 이 점에 대해 우리는 깊이 인식하여 거기에다 쓸데없는 공을 들이지 말아야 합니다. '아마도 내가 이렇게 수행하다 보면 때가 되면 괜찮아지겠지. 그때 가서 다시 말하자……' 만약 정토법문의 입장에서 말한다면 이런 기대는 하지 않는 게 좋을 것입니다. 우리는 죄를 짓고 반드시 타락하게 되어 있는 범부이므

로 오직 아미타불의 원력에 의지해야 한다는 인식이 있어야
합니다.

스스로 병이 위중함을 아는 비유

따라서 선도대사께서는 두 가지 깊은 믿음을 강조하십니다.
첫 번째는 자신은 죄악생사범부로서 윤회를 벗어날 방법이 없
고 오직 절망의 외길밖에 없다는 것을 믿는 것입니다. 이러한
전제조건 하에서만이 당신은 비로소 아미타불의 서원을 완전
히 믿고 의지할 수 있습니다. 만약 자신이 이처럼 죄를 짓고
타락하고 출리의 기연이 없는 범부라는 사실을 믿지 못한다면
아미타불에 대한 당신의 신심에는 힘이 없을 겁니다.

예컨대 환자가 자신의 병이 위중하여 곧 죽게 된다는 사실
을 모르고 있다면, 그는 의사선생님의 말씀에 대해 중시하지
않고 건성건성 들을 겁니다. "아! 저는 아주 건강해요! 아직 괜
찮은 거 같아요……." 그러다가 일단 자신의 수명이 곧 다하게
된다는 것을 알고, 누군가로부터 "이 분은 신의神醫여서 당신
의 목숨을 구할 수 있어요"라는 말을 들었을 때, 그 의사가 '킁'
하고 콧소리 한 번만 내도 모두 자세히 들을 것입니다. "아! 방
금 무슨 약을 말씀하셨지요?"라고요. 사실 그 의사가 재치기
한 번 한 것뿐인데도 그는 전부 자세히 들으려 합니다.

우리가 만약 느긋하게 '나는 자신을 의지해도 아마 생사윤

회로부터 해탈할 수 있을 거야'라고 생각한다면, 이것은 아주 교만한 마음입니다. 그러면 이 법문에 대해 존중하지 않게 되고 쉽게 소홀히 하게 되겠지요. 『무량수경』에서 말씀하시기를, "교만하고 게으른 자는 이 법을 믿기 어렵다"고 하셨습니다.

따라서 자신에 대해 정확한 인식이 있어야 합니다.

통째로 내려놓다

인광대사께 두 구절 말씀이 있는데, 이렇게 말씀하셨습니다.

통째로 내려놓고, 철저하게 기댄다.
通身放下, 徹底靠倒.

통째로 내려놓으려면 솔직해져야 하고 자신은 죄를 짓는 범부임을 자각해야 합니다. 그러면 자신의 그런 교만한 마음을 완전히 내려놓게 될 것입니다. '통째로(通身)'는 우리의 몸을 완전히 내려놓는 것을 말하는데, 신체만 가리키는 게 아니라 우리의 마음도 가리킵니다. 당신이 온몸을 '통째로 내려놓아야만' 비로소 '철저하게 기댈 수' 있다는 것이지요.

다들 모두 밤이면 잠을 자야 합니다. 매일 밤잠을 잘 때 우리는 어떻습니까? '(온몸을) 통째로 내려놓고 (침대에) 철저하게(완전히) 기댈 것'입니다. 몸을 반쯤 내려놓고 반쯤 내려놓지 않고, 반쯤 기대고 반쯤 기대지 않는다면 잠을 잘 수가 없겠지요. 그런 자세로 어떻게 잠을 잡니까? 그 자세로는 굉장히 힘들어서 2분도 버티지 못할 겁니다.

'통째로 내려놓는다'면 어디에다 내려놓아야 할까요? 아미타불의 서원 속에다 내려놓아야 합니다. 오직 아미타불의 서원만이 의지할 수 있고 보증해주실 수 있으니까요. 아미타불께서는 당신의 대비원력으로써 말씀하십니다. "시방의 중생들아, 내가 너희를 구제하겠다. 너희의 죄업을 내가 감당하고, 너희에게 공덕이 없으면 내가 너희를 위해 성취하고, 너희가 타락하려 한다면 내가 너희를 건져주고, 너희가 왕생할 수 없으면 내가 너희를 영접하러 오겠다. 너희는 단지 나무아미타불을 부르기만 하면 된다."

망념이 각심으로 바뀌다

우리가 이미 자신이 이러한 범부임을 확실히 인식하였다면 우리는 망념범부의 신분으로 아미타불을 불러야 합니다. "망념범부가 이를 알고 염불하면 곧 (부처님의) 영접을 받게 된다"란, 우리가 이처럼 죄를 짓는 범부·망상이 분분한 범부·시시각각 망념이 끊이질 않는 범부라는 사실을 알고서 염불만 한다면 임종 시에 아미타불께서 영접하러 오신다는 것이지요.

"연화대에 오를 때 망념이 각심으로 바뀐다." 아미타불께서 우리를 영접하러 오실 때, 우리는 아미타불의 연화대에 올라 앉게 되는데, 이때의 찰나간에 대해 선도대사께서 말씀하셨지요. "임종할 때 성중들이 연꽃을 들고 나투시는데, 심신이 용약하여 금색 연꽃에 앉게 되면 앉는 순간 바로 무생법인 얻고, 일념 사이에 곧장 부처님 전에 이른다네." 연화대에 올라앉는 순간 바로 무생법인을 얻고 당장 환하게 큰 깨달음을 얻어서 모든 망념들이 즉각 분쇄되어 밝게 빛나는 정각正覺의 마음으로 바뀐다는 것입니다. 우리 범부의 입장에서는 어디에 깨달음의 마음이 있겠습니까? 아미타불의 접인(영접)을 받아서 '연화대에 오를 때 망념이 각심으로 바뀌는 것'입니다.

연꽃이 더러운 진흙에 물들지 않는 비유

다음 몇 구절들은 특히 우리로 하여금 위안과 감동을 느끼게 해줍니다. "망념으로부터 나온 염불은 연꽃과도 같아서 더러운 진흙에 물들이 아니한다." 우리에게 비록 망념이 있다지만 우리가 망념 속에서 내는 염불소리, "나무아미타불, 나무아미타불, 나무아미타불, 나무아미타불……" 우리의 마음이 비록 망념으로 가득하여 진흙과 같이 더러우나, 우리가 부르는 이 한 구절 명호 자체는 마치 청정한 연꽃처럼 더러운 진흙에 물들지 않고 미묘하고 향기롭고 깨끗하다는 것입니다.

이 점에 대해 다들 느낌이 있습니까? 우리의 마음은 더러운 것이고 오염된 것이고 망념이 있는 것이지만, 이 명호는 우리의 망념으로부터 물들지 않기 때문에 정토종을 '연종蓮宗'이라 부르는 것입니다. 연꽃의 특징이 바로 '더러운 진흙 속에서 자라면서도 거기에 물들지 않는 것'인데, 어느 곳에서 진흙이 나옵니까? 우리의 마음으로부터 나옵니다! 우리의 마음은 마치 진흙처럼 더러워서 탐진치의 번뇌가 있습니다. 어느 누가 탐진치의 번뇌가 없겠습니까? 없는 분이라면 곧 아라한일 겁니다.

우리 같이 탐진치 번뇌가 있는 마음은 도리어 염불의 원동력이 될 수 있습니다. 우리가 왜 염불합니까? 죄업이 있어서 해탈을 바라기 때문에 아미타불의 서원을 의지하여 아미타불의 명호를 부르는 것이지요. 이는 마치 연못 속의 진흙이 도리어 연꽃이 자라는 데 자양분이 되는 것과 같습니다. 그래서 청신한 연꽃이 진흙으로부터 독립해서 나와 미묘한 향기를 풍기게 되지요.

우리의 마음이 비록 오염되어 있다지만 우리가 부르는 명호는 청정한 것입니다. 육자명호의 공덕과 향기는 우주법계에 가득 차 있다고 말할 수 있습니다. 그러므로 "망념으로부터 나온 염불은 연꽃과 같아서 더러운 진흙에 물들지 않는다"고 말하는 것입니다.

자신의 마음에 속지 말아야 한다

더러운 진흙에 물들지 않는 이 한 송이 연꽃, 이 한 구절 육자명호가 우리를 구제할 수 있는 까닭에 우리의 염불은 바로 나무아미타불을 부르는 것입니다! 우리의 눈은 연꽃을 봐야 하고 우리의 코는 연꽃의 향기를 맡아야 합니다. 다들 연못가에 가셨을 때 자신의 코를 진흙 속에다 박아 넣으면 안 되겠지요. 그렇게 해서 맡을 수 있는 것은 전부 악취일 뿐입니다. 그렇지 않나요? 우리의 코는 연꽃의 향기를 맡아야 합니다.

이는 무슨 의미일까요? 우리는 염불을 하면서 '비록 나의 마음이 오염되어 있고 죄업이 있고 청정하지 않지만, 내가 부르는 이 한 구절 명호는 연꽃과 같이 향기로워서 이 명호가 나를 왕생하게 하는 것이다'라고 생각해야 한다는 것입니다.

우리가 왜 자신의 마음을 생각해야 합니까? 이 마음은 우리가 던져버려야 할 물건, 우리가 갖다버려야 할 물건이거든요! 우리는 생멸하는 허망한 이 마음에 의지해서 왕생하는 게 아닙니다. 우리는 이 마음을 끄집어내어 깨끗이 닦고 난 다음에 다시 왕생하는 게 아니라, 우리는 생멸이 없고 진실하여 허망하지 않은 명호에 의지하여 왕생하는 것입니다.

어떤 사람들은 그의 방향과 관념이 잘못 되어서 항상 자신의 망상심을 가지고 거기서 꾸미고 다듬고 하는데, 이는 마치 이 연꽃에 대해 관심을 갖는 게 아니라 자신의 마음을 진흙 속

에 두고서, 이 진흙을 씻고 걸러내고 해서 한 송이 연꽃 모양
으로 만들려는 것과 같습니다. 당신이 설사 이 진흙을 가지
고 한 송이 연꽃으로 만든다 하더라도 거기에는 향기가 없습
니다.

마음에는 두 가지가 있는데, 하나는 진심眞心이고, 하나는
망심妄心입니다. 망심으로 수행을 한다면 나귀의 해, 말의 달
(驢年馬月)이 되더라도 역시 해탈할 수 없습니다. 범부에게도
비록 전부 진심불성眞心佛性이 있다지만, 확철대오하여 부처
님과 같은 큰 깨달음을 얻기 전에는 진심불성이 완전히 드러
나질 않습니다. 평소 일처리를 할 때는 모두 망심을 사용하는
데, 이 망심을 당신이 아무리 짓누르고 아무리 움직이지 않게
해봐도 그것은 여전히 해탈의 원인이 될 수 없습니다. 오직 당
신이 이미 확철대오하여 모든 번뇌를 소멸하고 진심과 망심의
차별을 부숴버리고 망심이 본래부터 진심이었다는 것을 철저
히 증득해야만 비로소 해탈할 수 있는 것입니다. 그렇지 않고
선 겨우 선정의 공부, 또는 일종의 비교적 청정하고 경안(輕安:
몸과 마음이 상쾌하고 편안한 상태)한 상태를 가지고는 아직 거
리가 너무나 멉니다. 그것은 해탈과는 전혀 무관하여 해탈의
원인이 아닐 뿐더러 도리어 윤회의 업이 됩니다.

우리를 해탈하도록 해주는 것, 우리를 생사로부터 벗어나도록 해주는 것이 바로 우리가 부르고 있는 이 한 구절 나무아미타불입니다.

그러므로 이는 두 가지 일입니다. 진흙 속에서 자라난 연꽃, 그 연꽃이 우리를 구제할 수 있듯이, 망상심 가운데서 나온 부처님의 명호, 그 부처님의 명호가 우리를 구제할 수 있는 것입니다. 부처님의 명호가 바로 이 망상심을 구제하려는 것이니까요.

따라서 우리 모두 걱정하고 두려워할 필요가 없습니다. 우리가 입으로 나무아미타불을 부르는 것이 바로 입을 열 때마다 연꽃을 토해내는 것입니다. 나무아미타불, 나무아미타불, 나무아미타불, 나무아미타불…… 이 얼마나 자재합니까! 당신이 구태여 자신의 그 마음(망상심)을 상관할 필요가 있겠습니까?

그런 까닭에 『무량수경』에서 석가모니불께서는 ('일향전념'이란) 네 글자를 사용하여 우리에게 염불하는 비결을 일러주신 것입니다.

'일향전념一向專念'하라

'일향'이란 바로 유일하게 부처님의 방향으로 향하되 자신의 방향으로 향하지 않는 것입니다. 우리는 우리의 마음이 망상

인지 아니면 청정한 것인지에 대해 걱정하지 않아도 됩니다. 만약 그렇게 생각한다면 우리의 눈빛은 부처님을 바라보는 것이 아니라 다시 우리 범부 쪽으로 돌아와서 우리의 마음을 생각하게 되거든요.

다들 이해할 수 있겠습니까? 만약 우리가 염불을 하지 않고 우리의 마음을 염念한다면, 그것으로 어떻게 왕생하겠습니까? 우리의 마음이 청정하든 더럽든 우리 모두 거기에 속지 말아야 합니다.

여러분, 우리가 이렇게 오랜 세월동안 윤회를 해온 이유가 바로 우리의 이 마음에게 속았기 때문입니다. 우리는 이렇게 생각할 수도 있습니다. '보세요, 지금 이 마음이 조금 안정되었어요! 이것은 하나의 좋은 마음이기에 나는 이 마음이 필요해요. …… 지금은 매우 번뇌하고 있고 출렁이고 있거든요! 이것은 나쁜 마음이기에 나는 이 마음을 필요치 않아요!' 그러면 당신은 이 마음에게 속은 것입니다.

우리는 이 마음이 출렁이든 망상·잡념이 있든, 아니면 비교적 안정적이든 이것은 전부 망념이고 이것은 전부 번뇌의 마음이어서 전부 던져버려야 할 물건들이기에, 우리는 유일하게 이 나무아미타불만 부르는 것입니다! 몸과 마음의 전부로써 나무아미타불을 칭념하는 겁니다! 나무아미타불! 나무아미타불! 전부 상관하지 마세요. 번뇌가 오더라도 상관하지 말고,

번뇌가 가더라도 상관하지 마세요.

바람을 따르는 구름의 비유

번뇌란 우리에게 있어서 무엇과 같을까요? 번뇌는 마치 허공 중에서 바람을 따라 지나가는 구름 한 점과 같은 것인데, 당신이 염불을 한다면 염불만 하면 되지, 이 구름을 간섭할 필요까진 없잖아요? 번뇌가 왔다고 해서 '아, 이 구름은 흰색이네! 흰 구름이 왔으니까 내가 염불하면 아마도 왕생할 수 있을 거야! 어! 다시 검은 구름이 왔네! 검은 구름이 왔으니까 아마도 왕생할 수 없을 거야……'라고 생각한다면 이는 잘못된 것입니다!

우리의 마음속에서 무엇을 흰 구름이라 부를까요? '내가 염불하는데 조금 청정해진 것 같다'고 느끼는 것, 이것이 흰 구름입니다. '나의 마음이 청정하지가 않아. 아이구! 애들이랑 가정이랑! 직장과 사업…… 수많은 일들로 진짜 짜증나네'라고 느끼는 것, 이것은 검은 구름입니다. 그러나 이런 것들은 우리의 마음속에서 전혀 장애가 되지 않아서, 오면 오는 것이고 가면 가는 것이기에 우리의 왕생과 전혀 관계가 없습니다! 당신이 염불하는 발걸음을 멈추고 염불하는 마음을 멈추고서 그것에 대해 관심을 갖는다면 잘못된 것이지요!

따라서 당신의 그 마음을 간섭하지 말아야 합니다. 당신이 아무리 그것을 간섭해 봐도 당신을 위해 체면을 세워줄 수 없을 뿐더러 당신은 거기에 속게 됩니다. 당신이 그것을 간섭할수록 그것은 더욱 득세하게 되고, 그것이 자신이 대단하다고 느낄수록 당신은 그것에 대해 더욱더 방법이 없게 됩니다. 당신이 그것을 철저하게 꿰뚫어보고, 당신이 그것을 철저하게 던져버리고, 당신이 그것을 철저하게 냉대했을 때 그것은 고분고분해지며 말을 듣게 됩니다.

여기 계시는 분들 중에 할머니가 되신 분들도 계실 텐데, 어린 손자 녀석이 울고 있다면 가셔서 그를 달래주려 할 겁니다. 그런데 할머니가 달랠수록 그는 더욱 울고, 더욱 울수록 할머니는 더욱 달래주게 되며, 달랠수록 그는 더욱 울게 됩니다. 나중에 할머니가 방법이 없어서 아예 그대로 내버려두지요. 그러면 조금 울다가 울음을 그쳐버립니다.

우리의 번뇌도 이와 같습니다. 사실 우리의 번뇌는 우리 자신이 키운 것입니다. 우리 개개인마다 모두 통통한 번뇌라는 아기를 키우고 있거든요. 우리는 매일매일 그것을 키우면서 씻겨주고 만져주고 있습니다. 여러분은 그것을 던져버리시고 거들떠보지 마십시오!

어떻게 하면 거들떠보지 않을 수 있을까요? 우리에게는 아미타불이 계시는 까닭에 우리는 오로지 나무아미타불만을 부르면 됩니다. 이것을 일러 '일향전념'이라 부릅니다. (또한 원신대사께서 말씀하신) "망념으로부터 나온 염불은 마치 연꽃과 같아 더러운 진흙에 물들지 않는다"입니다.

염불하여 방광을 한 이야기
이쯤에서 제가 여러분에게 이야기 하나를 해드리지요, 이 이야기는 매우 감동적입니다.

대만의 어느 법사 한 분이 미국에서 홍법을 하고 계실 때였는데, 코쟁이 미국인이 법문을 들으러 오셨답니다. 법문을 다 듣고 나서 이 미국인은 법사님께 본인은 전문적으로 신통을 배우는 사람이라고 말했으며, 또한 실제로 어느 정도 신통력이 있어서 그가 염불하는 사람들을 보니까 염불만 하면 광명을 토해내더라는 겁니다. 염불을 한 번 하면 한 줄기 빛이 입으로부터 나온다는 것이었지요.

우리는 당나라 때 선도대사께서 염불을 한 번 하실 때마다 한 줄기 빛이 나왔다는 것을 알고 있지만, 의외로 우리 자신도 방광할 수 있다는 것입니다! 다만 선도대사께서는 삼매를 증득하신 성자이셨기에 그분이 염불하며 놓은 광명을 모든 사람들이 볼 수 있었습니다. 그러나 우리가 염불하여 놓은 광명은 신통이 있는 사람이나 영계의 중생들, 그리고 불보살님들은 볼 수 있지만 우리는 볼 수가 없습니다.

놓은 광명은 어떨까요? 경건하고 정성스러운 마음이 있는 사람이 염불하면 그 광명이 매우 커서, 어느 정도까지 크냐 하면 마치 지구 전체를 감싼 것 같다는 느낌을 받을 정도라는 것입니다.

여러분, 여러분들도 지구를 한번 안아보고 싶지 않으신가요? 여러분들도 방광을 한번 해보고 싶지 않으신가요? 그렇다면 성심껏 나무아미타불 염불을 해보시기 바랍니다!

성심이 없는 사람이 염불하면 어떨까요? 역시 방광을 하지만 광명이 아주 작아서 약간 반짝반짝하면서 마치 등잔불처럼 언뜻 보이다가 바로 사라져버린답니다.

그럼 무엇을 성심(誠心: 정성스런 마음)이 있다고 말하고, 무엇을 성심이 없다고 말할까요? 성심이란 바로 믿음이요, 바로 전專입니다. 당신이 의심을 품는다면 성심이 부족한 것입니다! 그러므로 믿고 따르고 전수염불을 하며 의심하지 말아야 합니다! 집중해서 염불을 한다면, 그렇게 해서 나온 광명은 아주 큽니다. 그러나 만약에 단지 인연만 맺을 정도로 '남들이 부르니까 나도 한마디 부르지만 도대체 극락세계가 있는지 없는지도 모르겠어요. 왕생할 수 있을까요? 아! 운에 맡기는 거죠!'라고 생각한다면, 그것은 성심이 부족한 것이어서 염불의 광명은 매우 작습니다.

따라서 생각해보면 우리가 비록 죄업을 짓는 범부이기는 하지만, 우리도 이 한 구절 명호를 부르면 한 줄기 광명을 놓을 수 있습니다. 그래서 방금 말씀드렸듯이 '망념으로부터 나온 염불은 마치 연꽃과 같아서 더러운 진흙에 물들지 않는다'는 것입니다.

염불의 공덕은 무량무변하여 어떠한 중생이라도 진정으로 왕생을 원하고 진정으로 염불을 한다면 왕생하지 못하는 이는 한 명도 없습니다.

의사와 환자의 비유

그래서 (원신대사께서는) "결정코 왕생하니 의심하지 말지어다. 망념이 많음을 싫어말고 마땅히 믿음이 얕음을 한탄하라! 그런 까닭에 깊은 믿음으로 항상 아미타불의 명호를 부를지어다"라고 하신 것이지요. (하지만 우리는 공교롭게도 거꾸로 되어 있지요.) 원신대사께서는 우리의 마음을 잘 알고 계시기에 이렇게 말씀하신 겁니다. "너희에게 망념이 많은 것을 싫어하지 말라. 싫어해도 방법이 없다. 망념이란 당신이 태어날 때부터 당신이 죽을 때까지 따라다니기 때문에 그것을 싫어할 필요가 없다. 너희들은 마땅히 역으로 방향을 바꾸어서 우리의 믿음이 얕은 것을 한탄해야 한다. 왜냐하면 아미타불께서는 '너희에게 망념이 많아서 내가 너희를 구제하지 않겠다'고 말씀하신 게 아니라 정반대로 아미타불께서는 '너희에게 망념이 많기에 내가 너희를 구제하려는 것이다'라고 말씀하셨기 때문이다."

다들 알아들으실 수 있겠습니까? 우리에게 망념이 많기 때문에 아미타불께서 우리를 구제해주시려는 것이지, 우리에게 망념이 없다면 아미타불께서 우리를 구제하실 필요가 없다는 것입니다! 만약 우리가 아라한이라면 이미 생사를 벗어났을 테니까요.

이는 마치 의사와도 같은데, 의사는 환자의 병을 봐주는 사람이지 건강한 사람의 병을 봐주는 사람은 아니잖아요. "당신이 환자이기 때문에 내가 당신의 병을 봐준다"는 거예요.

아미타불은 대의왕大醫王이신데, 우리에게 탐진치 번뇌가 있고 우리에게 망념이 있기 때문에 아미타불께서 "내가 너희를 구제하려 하니, 너희들은 나의 육자명호를 불러라!"고 말씀하신 것입니다.

따라서 우리에게 망념이 너무 많다고 싫어할 게 아니라 마땅히 우리의 믿음이 너무 얕은 것에 대해 슬퍼하며 탄식해야 합니다. 망념이 많아도 왕생을 장애하지 않지만, 믿음이 얕아서 아미타불의 구제를 믿지 못하고 칭명하여 왕생하는 것에 대해 의심한다면 왕생을 장애하게 됩니다.

만약 병원에 진찰을 받으러 가셨다면 당신이 거기서 "보세요, 제가 이렇게 많은 병을 앓고 있어서 너무 짜증이 납니다"라며 원망할 게 아니라 마땅히 고명한 의사 선생님을 찾아야 할 것입니다. 당신이 어차피 병에 걸린 이상, 이럴 때일수록 고명한 의사 선생님을 찾아야 하겠지요.

어떤 사람들은 자신의 마음속에 망상잡념이 있다고 해서 의심을 합니다. '제가 이렇게 염불해서 왕생할 수 있을까요?' 이렇게 염불에 대해 의심을 하고, 의심하지 말아야 할 일에 대해 도리어 의심을 한다면 마땅히 슬퍼하며 탄식해야 하겠지요. 왜냐하면 이런 사람일수록 염불해서 왕생하기가 딱 좋으니까요!

(원신대사께서는) "따라서 깊은 믿음으로써 항상 아미타불의 명호를 부를지어다"라고 하셨습니다. 그렇다면 우리는 깊이 믿어서 의심하지 않는 마음으로 항상 나무아미타불을 불러야 할 것입니다.

큰길을 다니는 행인의 비유

여러분은 오늘부터 집에 돌아가신 뒤에는 모든 망념들을 털어던져버리고 상관하지 마십시오.

여러분, '상관하지 말라'는 말이 무슨 말인지 아십니까? 당신은 "제가 상관하지 않아도 망념은 저절로 찾아와요"라고 말할 수도 있습니다. 오면 오는 것인데, 왔더라도 그것을 상관하지 않으면 되잖아요! 당신이 그것을 상관했기 때문에 그것이 온 것입니다. 당신에게 그것을 상관하지 말라는 것은 그것이 오지 말라는 말이 아니라 오면 오는 대로 내버려두라는 겁니다. "오면 오는 것이고, 가면 가는 것이다." 이것을 일러 상관하지 않는다고 말하는 것입니다.

큰길에 그렇게 많은 사람들이 오고가고 하는데 당신과 무슨 관계가 있습니까? 남녀노소·빈부귀천·선악현우善惡賢愚 등 모든 사람들이 다 있지만, 자신이 하던 일을 멈추고서 창가에 기대어 그 사람들을 주시할 필요가 있겠습니까? 부귀한 사람을 보면 부러워하는 마음을 내고 빈천한 사람을 보면 깔보는 마음을 내며, 잘생겼니 못생겼니 따지면서 이러쿵저러쿵 쓸데없는 얘기를 하다보면 자신이 하던 일을 깡그리 잊어버리게 되지요. 그더러 바깥의 행인들을 상관하지 말고 자신의 일에만 신경 쓰라고 하면 도리어 번뇌를 일으킵니다. "저도 그들을 상관하고 싶지 않지만 그들이 자꾸만 저기서 왔다 갔다 해서 제 마음을 차분하게 가라앉힐 수가 없습니다." 그렇다면 당신은 전혀 말이 통하지 않는 겁니다.

염불 역시 마찬가지입니다. 마음속에 망념으로 분분한 것은 망념의 일인데, 당신과 무슨 관계가 있습니까? 망념은 그대로 망념이고 염불은 그대로 염불입니다. 염불은 정업(正業: 주)이고 망념은 길거리의 손님(객)이므로, 망념의 길거리 손님들을 주시하지 말고, 더욱이 그들을 따라가지도 말 것이며, 당신의 염불을 방해한다고는 더욱 말하지 말아야 합니다. 염불의 정념이 한번 일어나면 수많은 망념이 있더라도 없는 것과 마찬가지입니다. 마치 그 사람이 방에서 일심으로 자신의 일을 하고 있다면 큰길에서 끊임없이 오가는 사람들이 수천수만이 되더라도 전부 그 일과 무관하여 존재하지 않는 것과 같습니다.

망념을 다스리는 데는 바로 한 가지 비법이 있으니, 오로지 염불만 하는 것입니다! 망념을 상관하지 마시고요!

길가에서 자라는 화초의 비유

그것을 상관하지 말라는 것은 우리가 그것을 말살시키라는 것이 아닙니다. 예컨대 우리가 큰길을 걷고 있는데, 길가에 수많은 꽃들이 피어 있고 또 수많은 풀들이 자라나 있으며, 심지어 이 풀들이 길 가운데로 자라나 우리의 발등을 뒤덮을 정도입니다. 그러나 우리의 목적은 길을 걷는 게 아닙니까? 우리는 가던 길을 멈추고서 칼을 들고 이 풀을 베어버릴 필요는 없겠지요. 그럴 필요가 없습니다. 풀은 풀대로 자라게 놔두고, 우리는 그 길을 지나가기만 하면 됩니다. 우리는 가던 길을 멈추고서 이 꽃에 향기가 있는지 없는지 냄새를 맡을 필요가 없습니다. "아! 이 꽃에서 나쁜 냄새가 나네. 정말 귀찮구나!" 얼른

돌아가 호미를 들고 와서 그 꽃을 파버리고는 다시 거기에다 생화 한 송이를 심는다면, 당신은 쓸데없이 일을 만드는 거겠지요! 당신은 지나가기만 하면 될 텐데 말이죠. 그 꽃이 향기롭든 악취가 나든, 그 풀이 당신의 발을 덮든 말든 지나가기만 하면 될 겁니다.

이 향기가 나는 꽃·악취가 나는 꽃·향기가 나는 풀·독이 들어 있는 풀이 바로 우리 마음속에 있는 갖가지 생각들입니다. 이 큰길이 바로 우리가 왕생하는 길이므로 우리는 오로지 염불만 하면서 지나가기만 하면 됩니다.

어제의 망상은 이미 존재하지 않는데 그것을 상관할 필요가 없겠지요. 그것을 상관하지 마세요! 이것을 일러 상관하지 않는다고 말하는 겁니다.(우리가 호미를 들고 그것을 파버리라는 게 아니에요.) 이것이야말로 진정으로 상관하지 않는 것으로, 그것들이 자라면 자라는 거고 자라지 않으면 자라지 않는 겁니다.

많은 사람들이 염불을 하는데, 염불을 하는 게 아니라 되돌아와서 이 풀을 파내고 있습니다. 그는 길을 걷는 게 아니라 "아이구! 내가 하는 일을 방해하고 있네"라고 말합니다. 이런 사람이야말로 무리하게 소란을 피우는 게 아니겠습니까? 그는 길을 잘 걷고 있었음에도 길가에 있는 꽃이 자신을 방해한다면서 기어코 그것을 없애고서야 비로소 만족한다고 여기는 것입니다. 우리는 염불의 큰길 위에 서 있으면서 망상이 우리의 일을 방해한다고 생각하는데, 당신의 무슨 일을 방해했습니까?

  제가 이렇게 말하면 알아들을 수 있겠습니까? 우리의 망상 잡념은 조금도 우리의 일을 방해하지 않으므로 우리는 오로지 그 길을 지나가기만 하면 됩니다. 그것은 아주 자연스러운 것입니다. 예컨대 우리가 매운 음식을 먹으면 맵다고 느끼는데, 매우면 매운 것이지요. 이것은 인연입니다. 우리가 듣기 싫은 소리를 들어서 귀가 불편함을 느끼는 것은 모두 아주 자연스러운 반응입니다. 생리상의 반응은 아주 자연스런 것인데, 범부들이 바로 이러한 모습이지요. 바로 이러한 중생들의 모습으로 나무아미타불을 부르면 되는 것이고, 이렇게만 하면 왕생할 수 있습니다. 따라서 그것들을 상관할 필요가 없습니다.
  만약 이렇게 염불한다면 아주 홀가분하고 자재할 것입니다. 이때 당신은 우리 한 사람이 두 사람으로 분신을 한 것처럼 느껴지게 되는데, 염불하는 나야말로 진정한 나이고, 또 다른 나는 사실 그림자와 같은 겁니다. 마치 일종의 무엇과 같은가 하면…… 어떻게 말할까요? '그림자'라는 단어가 조금 더 적절한 것 같습니다. 마치 하나의 허망한 그림자와 같아서 그(망념, 그림자)는 그의 일을 하고, 나는 나대로 염불왕생을 하는 겁니

다! 듣기 싫은 소리를 들었을 때 그가 불편함을 느낄 수 있겠
으나 그래도 그것을 상관하지 말아야 합니다. 아마 어떤 일들
때문에 그의 마음이 괴롭고 슬프거나 또는 기뻐하는 등등의
감정을 느끼고 온갖 정서적인 파동이 있을 수 있지만, 모두 상
관하지 말아야 합니다. 왜냐하면 우리의 망상은 본래부터 뿌
리가 없기 때문입니다. 망념에는 본래 뿌리가 없는 것인데 당
신이 그것에 집착하기 때문에 뿌리가 생겨난 것이고, 업력이
생겨난 것이며, 우리로 하여금 육도윤회를 하도록 만드는 것
입니다.

그렇다면 우리는 이제 돌아와서 일심으로 나무아미타불에
기대면서 전혀 그것을 상관하지 않는다면 그(망념)는 당신을
어찌할 방법이 없게 됩니다. 하지만 만약 당신이 그를 주인과
같이 여기면서 그를 상관하려 든다면 그로부터 통제를 받게
될 것입니다.

(7) 인광대사의 꾸지람

일반인들은 염불을 하면서 모두 '염불을 잘하고 못하고'의 관
념이 있는데, 어느 수준에 도달하면 염불을 잘한 것이고, 도달
하지 못하면 염불을 잘하지 못한 것이라고 생각합니다. 만약
에 이로써 자신에게 더욱 노력하여 염불정진하고 염불하는 데
온 마음을 다 기울여 아미타불의 본원을 더욱 의지하고 사바

세계에 대한 염리심(厭離心: 싫어해 떠나려는 마음)을 내고 극락
세계에 대한 흔구심(欣求心: 기쁘게 구하려는 마음)을 더욱 내도
록 요구한다면, 이런 생각들은 좋은 것이라 말할 수 있습니다.
하지만 만약 '아이구! 내가 이렇게 염불을 잘하지도 못하고 있
으니 아마도 왕생할 수 없을 거야'라고 생각한다면, 그건 잘못
된 것입니다. 우리는 인광대사의 이야기 하나를 보도록 하겠
습니다.

한번은 제자 한 분이 보타산으로 인광대사를 친견하러 오셨
다가 대사께 자신이 겪은 일에 대해 말씀드렸답니다. 그가 말
하기를, 일 년 전에 한 번 크게 앓은 적이 있었는데, 병이 위중
할 때 사람이 곧 죽게 되어 피를 토하면서 근근이 숨만 내쉬고
있는 상황이었다고 합니다. 그 당시 상황을 회상하면서 자신
은 첫째 당황하지 않았고, 둘째 두려워하지도 않아서 마음이
매우 안정적이었다고 말했습니다.(이것은 쉽지 않은 일입니다.
일반적으로 우리들이 그런 상황이 되면 당황하고 두려워하게 되거
든요.) 그러나 그는 그래도 약간 유감스럽다는 생각이 들었답
니다. 그가 무엇이 유감스러웠을까요? '아! 내가 염불을 잘 하
지 못했구나'라는 생각이었습니다. 그는 수행자이자 정토종의
염불행자였기 때문에 "나는 내가 염불을 잘하지 못한 것에 대
해 매우 유감스럽게 생각한다"고 말한 것이었지요. 인광대사

께서는 여기까지 들으시고는 바로 벽력같은 큰소리로 꾸짖었습니다. "무엇을 가지고 염불을 잘한 것이라 말하는가? 십념으로도 마땅히 왕생할 것이다! 네가 그렇게 생각한다면 서방에 갈 수가 없을 것이다!" 다시 말해 인광대사께서는 당장 그 자리에서 "염불을 하는데 무엇을 잘했다고 하고 무엇을 잘하지 못했다고 하느냐? 십념으로도 왕생할 수 있다! 네가 만약 '내가 염불을 잘하지 못했기에 아마도 왕생할 수 없을 거야'라는 생각을 갖고 있다면 서방극락세계를 너는 갈 수 없을 것이다!"라며 비평하고 꾸짖으신 것입니다.

우리 많은 사람들의 마음속에는 '염불을 잘했다'라는 하나의 '기준'이 있습니다. 무엇을 잘했다고 하는 겁니까? 무엇을 기준으로 삼는 겁니까? 이렇게 물으면 그는 확실하게 대답을 하지 못하고, "제가 염불을 하는데 입안에 침이 생겼어요, 내가 염불을 하는데 몸에 열이 났어요, 제가 염불을 하는데 마음이 아주 상쾌해졌어요. 이것이 염불을 잘한 거예요!"라고 합니다. 이런 것들은 전부 스스로 옳다고 여기는, 그럴 듯하나 잘못된 생각들입니다. 꼭 기준을 말해야 한다면 역시 기준은 있습니다. 바로 아미타불의 서원이신 '내지 십념으로 반드시 왕생한다'는 것입니다. 그런 까닭에 인광대사께서는 "십념으로도 마땅히 왕생한다"고 말씀하신 것입니다.

일심불란은 아주 쉽다

염불은 아주 간단해서 우리 개개인의 근성에 따라서 할 수 있는 것으로서, '나무아미타불'을 칭념하는 겁니다. 만약 마음이 비교적 차분하고 안정적이라면 차분하고 안정적인 마음으로 염불을 하고, 만약 지금 당장 번뇌하는 마음이라면 번뇌하는 마음으로 염불해도 똑같이 왕생합니다!

인광대사의 이 말씀은 우리에게 경각심을 불러일으키는 작용이 있습니다. "무엇을 가지고 염불을 잘했다고 말하는가! 십념으로도 마땅히 왕생한다." '십념으로도 마땅히 왕생하는' 원인은 어디에 있을까요? 아미타불의 서원에 있습니다. 무엇을 잘했다고 말하고 무엇을 잘하지 못했다고 말합니까? 당신은 열 번만 불러도 왕생할 수 있습니다. 무엇을 잘 불렀다고 말합니까? 『관경』에서 하품하생을 한 그 사람이 염불을 잘할 수 있었겠습니까? 그 사람이 그때 만약 '염불을 잘해야 한다'는 마음이 있었더라면 그는 왕생할 수 없었을 겁니다. "아이고! 아무개님! 당신은 이제 곧 죽게 생겼으니 당신은 반드시 염불을 잘하셔야 합니다. 만약에 염불을 잘하지 못하신다면 왕생할 수 없습니다!" 이렇게 말하면 그가 어떻게 염불을 잘할 수 있겠습니까? 마땅히 이렇게 말해야 합니다. "당신이 그저 염불만 하면, 입으로 아미타불의 명호만 부르면 반드시 왕생합니다!" 이러면 그는 자연히 왕생할 것입니다.

인광대사께서는 또 말씀하십니다. "공덕의 크기와 공부의 깊이를 막론하고 염불만 하면 모두 서방극락세계에 왕생할 수 있다." 우리가 염불하여 서방극락세계에 왕생하는 것은 우리 공부의 깊이와는 아무런 관계가 없습니다. 당신의 공부가 깊어도 왕생하고 당신의 공부가 얕아도 역시 왕생합니다.

이렇게 말한다면 '일심불란'은 아주 쉽게 할 수 있는 것으로, 바로 전수염불을 하는 것입니다.

다들 이해가 가십니까?

【대중: 이해가 갑니다!】

아직도 '일심불란'이란 네 글자를 두려워하실 겁니까?

【대중: 두렵지 않습니다!】

만약에 이렇게 이해하지 않는다면, 우리가 『아미타경』을 독송하다가 여기에 이르면 두려움을 느끼게 됩니다. '아! 일심불란, 일심불란. 갈수록 더 혼란스럽고 갈수록 더욱 혼란스러워요……' 그러다가 나중에는 수습이 안 됩니다. 만약 '일심으로 염불하여 난잡하지 않고 어지럽지 않다'는 것을 안다면 염불할수록 더욱 기뻐하게 되며, "제가 바로 그렇습니다"라고 말하게 될 것입니다.

4) 사례를 들어 설명함

송나라 때 황타철의 이야기

이어서 여러분께 송나라 때 황타철黃打鐵이란 사람의 이야기 하나를 말씀드리겠습니다. 이 이야기는 우리에게 많은 깨달음을 줍니다.

그의 성은 황씨이고 이름이 무엇인지는 모르지만, 그가 대장장이였기 때문에 황타철이라 불렀지요. 그는 한편으로 쇠를 두들기면서 한편으로 염불을 하였는데, 망치로 한 번 두들기며 "아미타불!", 다시 한 번 두들기며 "아미타불!" 하고 불렀습니다. 그의 아내는 그가 너무 불쌍하다는 생각이 들어서 "당신이 쇠를 두들기는 것만 해도 너무 힘드실 텐데 염불까지 하신다면 더욱 힘들지 않나요?"라고 물었지요. 그러자 그가 말했습니다.

"그건 당신이 모르는 소리요! 본래 쇠를 두들길 때 팔이 시큰거렸었는데 염불을 하니까 도리어 시큰거리지 않고, 본래 쇠를 두들길 때 많이 힘들었었는데 염불을 하니까 도리어 힘들지가 않는구려!"

그가 쇠를 두들기려면 풀무질을 해야 했는데, 또 풀무질을 할 때마다 "아미타불, 아미타불, 아미타불" 하고 불렀습니다.

이렇게 망치를 한 번 두들기고 한 구절, 풀무를 한 번 젓고 또 한 구절을 염불했는데, 이렇게 몇 년이 지났습니다. 하루는 그가 몸도 괜찮고 병도 나지 않았는데 문득 크게 느끼어 깨달은 바가 있었습니다. 그러나 그는 글을 쓸 줄 모르고 오직 대장장이 일만 할 줄 알았기에 이웃을 불러서 네 구절 말을 적게 했습니다. 그가 어떤 네 구절의 말을 적게 했을까요? (이 역시 그의 생활과 관련된 것인데, 앞서 말한 그 최파와 같습니다. 최파는 '위로 재 하나 없고 아래로 구덩이가 없다'고 썼는데, 그녀가 쓴 것 역시 자신의 생활이었습니다. 남의 유모 노릇을 하면서 신과 양말을 기워 신었기 때문에 '갈 때 신과 양말을 신을 필요가 없다'고 쓴 것이니, 그의 생활과 아주 가까운 것이지요. 황타철도 마찬가지로 네 구절을 지었는데, 뭐라고 말했을까요?)

땡그랑 땡그랑
오랫동안 정련하여 강철이 되듯,
태평이 곧 다가오니
나는 서방으로 왕생하려네.
叮叮當當, 久煉成鋼,
太平將近, 我往西方.

이 네 구절 말을 마치고는 망치를 내려놓자마자 바로 왕생하였습니다. 얼마나 수승하고 얼마나 멋집니까!

"땡그랑 땡그랑, 오랫동안 정련하여 강철이 되듯"이란 무슨 의미일까요? 그가 매일매일 땡그랑 땡그랑, 땡그랑 땡그랑 하고 쇠를 두들기잖아요? 쇠를 두들기는 목적은 오래오래 정련해서 강철을 만들기 위한 것이므로 천천히 두들겨야 하겠지요. 이것 역시 자신의 수행을 반영하고 있는 것입니다. 그가 나무아미타불을 부르는데, 육자명호는 마치 망치와 같아서 한 망치 한 망치씩 그의 마음에다 두들겨서 그의 마음을 갈수록 유연하게, 습기習氣는 갈수록 적어지게, 범부로부터 부처님이 되도록 두들긴 것입니다. 서방극락세계에 성불하러 가기 때문에 '땡그랑 땡그랑, 오랫동안 정련하여 강철이 되듯'이라고 말한 것이지요. "태평이 곧 다가오니"는 태평한 날이 곧 올 거라는 겁니다. 만약 서방극락세계에 왕생하지 않고 생사윤회의 큰일로부터 해탈하지 않는다면 태평한 날을 보낼 수 없겠지요! 염라대왕이 거기서 기다리고 있는데 어찌 태평이 있겠습니까? 그러나 그는 달랐습니다. "태평이 곧 다가오니 나는 서방으로 왕생하려네"라고 했습니다. 서방극락세계로 성불하러 가겠다고 말한 것이지요.

당신은 황타철에게 선정일심禪定一心의 공부가 있었다고 생각하십니까? 그가 쇠를 두들기면서 선정에 들 수 있었겠습니까? 불가능합니다! 그에게는 이른바 깊은 선정에 들어 망념이 일어나지 않는 공부가 없을 뿐더러, 도리어 크게 힘쓰고 땀을 흘리면서 한편으로 쇠를 두드려야 하고 한편으로 염불해야 했습니다. 하지만 그는 왕생했습니다. 그에게 비록 선정은 없었으나 그는 일심불란이 되었습니다. 오로지 한마음 한뜻으로 염불하고 극락왕생을 염원하며 조금도 뒤섞이지 않았으니 진정한 일심불란이었지요! 그는 글도 모르고, 시간도 없고, 먹고살기가 바빠서 한편으로 쇠를 두들기면서 한편으로 염불을 할 수밖에 없었기에 잡다하게 하라고 해도 할 수가 없었습니다.

우리는 그에게 배워야 합니다. 옷을 씻을 때도 이렇게 "아미타불, 아미타불, 아미타불, 아미타불", 채소를 썰을 때도 "아미타불, 아미타불, 아미타불, 아미타불", 아침에 체조를 할 때도 "아미타불, 아미타불, 아미타불, 아미타불" 하고 염불해야 합니다. 우리 대만의 연우님들 몇몇은 손을 앞뒤로 내젓는 염불체조를 하면서 "나무아미타불, 나무아미타불" 하고 염불하시는데, 이렇게만 염불해도 왕생할 수 있습니다.

따라서 우리의 마음이 이러한 선정에 도달했는지 못했는지, 이러한 공부가 있는지 없는지의 여부와 상관없이 모두가 다 장애가 되지 않고, 단지 염불만 하면 반드시 왕생합니다.

홀가분하게 염불하다

본론으로 다시 돌아와서, 물론 우리 염불하는 사람들도 어쨌든 마음이 좀 청정해지고 망상잡념이 좀 적어지길 바랄 겁니다. 그것도 방법은 있습니다. 그게 바로 우리가 좀 더 집중을 해야 한다는 것인데, 우리가 외출을 하거나 길을 걷거나 차를 타거나 볼일을 보거나 할 때, 그렇게 집중할 수 없는 경우를 제외하고는 본인 혼자 앉아서 염불할 때에는 역시 좀 더 집중해야 할 것입니다. 집중하는 방법이란 바로 자기가 염불하고 자기가 듣는 것인데, 인광대사께서 제창하신 '십념기수법十念記數法'을 채택하여 한편으로는 염불하고 한편으로는 숫자를 세면서 집중할 수 있을 만큼 집중하시면 됩니다. 다만 마음을 지나치게 사용해서는 안 됩니다. 그러면 너무 힘이 듭니다. 그렇다고 "보세요, 또 도망갔어요……"라며 또 번뇌하지도 말아야 합니다. 도망을 갔으면 잡아오고, 또 도망가면 다시 잡아오고, 잡아온 다음에 잘 감시를 해야 하겠지요. 마치 게임을 하듯이 한다면 당신의 마음은 아주 홀가분해져서 "나무아미타불, 나무아미타불……" 하며 염불할 수 있을 겁니다.

편안하고 침착하게 염불하다

그리고 숫자를 세는 것과 관련해서 말씀드린다면, 숫자를 세는 것은 아주 좋은 방법으로서 역대 조사대덕들께서 모두 제창하셨습니다. 착실하게 숫자를 세면서 염불하는 사람이라면 모두 이 방법의 묘한 점과 편안함을 느낄 수 있습니다. 다만 염불을 하면서 단지 염불의 횟수만 채우려고, 숫자를 세기 위해 숫자를 세지는 마세요. 염불을 위해 숫자를 세는 방법을 채택한 것이기에 편안하고 침착하게 한 구절 한 구절씩 불러야 합니다. "나무아미타불, 나무아미타불, 나무아미타불……" 이렇게 한 구절 한 구절씩 염불하시면 됩니다. 만약에 숫자를 너무 많이 정해놓고서 숫자를 채우기 위해 너무 빨리 부르게 되면 연세가 많으신 분들은 때로는 감당하기가 힘들 것이고, 심장이 안 좋은 분들은 더욱 감당하기 힘들 것입니다.

예컨대 본인 스스로 매일 삼만 번의 염불을 정해놓았지만 정작 본인에게는 시간이 없습니다. 그리고는 거기서 급히 서둘러 숫자를 좇아가고 있으면 너무 힘이 들겠지요! 그렇게 염불하다가는 심장에 무리가 갈 수 있습니다. 그러면서 "보세요, 염불을 해서 제가 심장병이 생겼어요!"라고 말합니다. 그것은 염불을 해서 생긴 게 아니라 당신 스스로 조절을 못해서 생긴 것입니다!

우리는 아주 편안하고 침착하게 염불하되, 삼만 번을 부를 수 없다면 그렇게 많이 정하지 마시고 자신의 형편에 맞게 이만 번·만 번·오천 번·천 번 정도로 정하시면 됩니다. 그리고 한 구절 한 구절씩 "나무아미타불, 나무아미타불", 이렇게 부르면 아주 좋습니다!

5) 총결을 지으며 역으로 나타냄

여섯 가지 큰 과실

'일심불란'과 관련해서 우리는 최종적인 결론을 내보도록 하겠습니다.

처음 시작부터 일심불란에는 두 가지 이해가 있다는 설명을 드렸습니다. 하나는 일반인들이 이해하고 있는 선정상태의 일심과 망상잡념이 일어나지 않는 일심입니다. 또 하나는 정토종 경론의 가르침에 따른 이해로서 일심불란이 바로 일향전념이라는 것인데, 이 역시 선도대사의 일관된 해석입니다.

선도대사의 해석을 따라야만 비로소 정확한 것입니다. 만약 반드시 어떻게든 선정상태의 일심을 얻어서 망념이 일어나지 않아야 한다고 해석하고, 게다가 또 이렇게 하지 않으면 왕생할 수 없다는 생각을 견지한다면 그 과실은 너무나 큽니다. (그 이유는 다음과 같습니다.)

첫째, 그렇다면 그것은 석가모니불께서 설하신 '정토삼경'이 서로 모순된다고 말하는 것과 같습니다. 왜냐하면 『무량수경』은 석가모니불께서 설하신 것으로서 "상중하 세 가지 근기를 가진 사람들이 일향전념만 하면 모두 왕생한다"고 말씀하셨고, 『관경』도 석가모니불께서 설하신 것인데 "하하품의 사람이 임종 시에 고통에 시달려 놀라고 두려워하였으나 열 번을 염불하여 곧 왕생하였다"고 말씀하셨기 때문입니다. 이 두 경전에서 설하신 왕생은 모두 아주 쉽습니다. 그런데 똑같이 석가모니불께서 설하신 『아미타경』에서는 도리어 어떠한 선정의 일심에 도달해야 한다고 아주 어렵게 말씀하셨다면 서로 모순되지 않겠습니까?

둘째, 석가모니불께서 본인 스스로 말씀하신 것에 모순될 뿐만 아니라 아미타불의 본원과도 모순이 됩니다. 왜냐하면 (『무량수경』에서) 아미타불의 염불왕생 본원에서 설하신 방법은 아주 쉬워서 중생들이 단지 '내지 십념'으로 염불만 하면 되지만, 석가모니불께서는 (『아미타경』에서) 도리어 아주 어렵게 설하시어 마음을 쉬고 생각을 모아야 한다고 말씀하셨으니, 어찌 모순이 아니겠습니까? 그렇다면 석가모니불께서 아미타불을 등지고서 스스로 따로 극락왕생의 조건을 제시하여 문턱을 높여놓은 것과 같겠지요. 이게 어떻게 가능하겠습니까?

셋째, 또 석가모니불의 설법이 근기에 맞지 않는다고 말하는 것과 같습니다. 왜냐하면 『아미타경』은 석가모니불께서 오탁악세의 범부들을 상대로 설하신 경전임에도 불구하고 그렇게 높게 설하시어 우리 누구도 실천할 수 없다면, 그 법이 근기에 맞지 않는다고 말하는 것과 같지 않겠습니까?

넷째, 용수보살의 정토법문에 대한 판석이 틀렸다고 말하는 것과 같습니다. 왜냐하면 용수보살께서 설하신 정토법문에서는 아미타불의 본원이 하열한 근성의 중생에게 적합한 '이행도'이자 '안락문'이라 하셨기 때문입니다. 그런데 지금 사일심事一心·이일심理一心 등등에 도달해야 한다고 한다면 그것은 이행도가 아니게 되고, 따라서 용수보살의 교판이 틀렸다고 말하는 것과 같습니다.

다섯째, 또한 예로부터 지금껏 보고 들은 것을 기록한 사실과도 모순됩니다. 왜냐하면 우리가 본, 예로부터 지금에 이르기까지 왕생한 수많은 사람들은 어떠한 선정을 얻어서 마음을 집중하는 경지에 도달한 게 아니라, 그들은 단지 착실하게 염불하고 일향전념하며 의심하지 않았을 뿐인데 모두 왕생하였고, 게다가 모두 매우 수승하게 왕생하였기 때문입니다.

여섯째, 가장 큰 과실로서 우리 자신이 왕생할 수 없다는 것입니다.

만약 선도대사의 해석을 의지한다면, 위로는 아미타불의 본원에 부합하고 아래로는 중생들의 근기에 계합하므로, 정토삼경의 종지가 완전히 일치하고, 석가모니불의 말씀이 진실하여 허망하지 않으며, 누구나 안심하고 염불할 수 있고, 누구나 다 왕생할 수 있습니다.

3. 어떻게 '심부전도'를 보증할 것인가

『아미타경』의 이 단락과 관련해서 우리는 이미 설명을 드렸습니다.

첫째, 오로지 아미타불의 명호를 부르는 것이 바로 '많은 선근'과 '많은 복덕'이다.

둘째, 오로지 아미타불의 명호를 부르는 것이 바로 '일심불란'이다.

이 두 가지 관문을 우리가 모두 통과하였으니, 우리의 마음을 짓누르고 있던 큰 돌멩이 두 개를 다 치워버린 거나 다름없습니다. 좋아요, 이제 우리는 좀 쉴 수 있습니다. 자, 가슴들을 쫙 한번 펴보세요. "아! 일심불란이라는 이 큰 돌멩이가 줄곧 마음을 짓누르고 있어서 곧 숨 막혀 죽을 것만 같았었는데, 오늘 끝내 그것들을 뒤엎어버렸으니 참으로 통쾌하구나!" 우리는 홀가분해졌고 이제 열의도 생겼으니, 승세를 몰아 뒤쫓아가서 다시 어떻게 '심부전도(心不顚倒: 마음이 뒤바뀌지 않음)'를 보증할 것인가라는 세 번째 난관을 돌파해보도록 하겠습니다.

앞의 두 관문을 해결하고 나니 또 이런 의문이 생깁니다. "염불이 곧 많은 선근이라니, 좋아요, 됐어요. 그럼 저는 오로지 염불만(전수염불) 하겠어요. 그런데 일심불란이 돼야 한다는 또 하나의 어려운 문제가 있네요…… 아! 일심전념(한마음으로 오직 염불을 함)을 하는 것이 바로 일심불란이라면, 그건 저도 할 수 있어요. 그런데 스님, 저에게는 여전히 하나의 어려움이 남아 있는데요, 만에 하나 임종할 때 혼수상태에 빠진다든가, 정념을 일으킬 수 없다든가, 잊어버렸다든가, 부처님 명호를 부를 수 없다든가…… 하면 그때는 어떡해야 하나요? 왜냐하면 『아미타경』에서 '마음이 뒤바뀌지 않아야 한다(心不顚倒)'고 말씀하셨잖아요. 우리가 어떡해야만 비로소 '마음이 뒤바뀌지 않음'을 보증할 수 있나요?"

방법이 있습니다! 전혀 어렵지 않습니다.

1) 오해를 깨트림

오해 ①

사실은, 우리가 걱정하고 있는 그런 상황은 아예 존재하지가 않습니다. 다시 말해 이런 상황은 절대 발생할 수 없다는 겁니다. 이 단락의 경문에 대해 우리가 오해를 했기 때문에 걱정이 생겨난 것인데, 만약 정확하게 이해할 수 있다면 우리는 더 이상 걱정하지 않을 겁니다. 어떤 오해를 했을까요?

첫 번째 오해입니다. 보통사람들은 모두 이렇게 생각합니다. '평소에 염불을 얼마나 많이 했든 상관없이, 만약 임종하는 순간에 염불을 못한다면 평소에 했던 염불 역시 공염불이 되기 때문에, 반드시 임종할 때 염불을 할 수 있어야만 비로소 부처님께서 영접하러 오시고 비로소 왕생할 수 있는 것이다'라고 말입니다. 이러한 이해는 잘못된 것입니다.

임종할 때 염불을 못하면 왕생할 수 없다는 것은 평소에 염불하지 않고 왕생을 원하지 않던 사람을 상대로 하는 말입니다. 그 사람이 지금 곧 목숨이 끊어지려 하는데 이때에도 염불을 하지 않는다면 더 이상 기회가 없어서 목숨이 끊어지면 바로 윤회를 해야 하기 때문입니다. 그래서 '임종염불'을 말하는 것입니다. 예컨대 『관경』 하배삼품의 사람들이 바로 이러한 경우인데, 임종할 때 한 번 염불하거나 열 번을 염불하여 왕생했습니다. 『관경』에서 말하고자 하는 의미는, 설사 일생 동안 온갖 악업을 짓다가 임종할 때에 이르러서야 비로소 염불을 만난 사람도 겨우 열 번이나 한 번의 염불로 모두가 다 부처님의 영접을 받아 왕생할 수 있는데, 하물며 평소에 염불하던 사람이라면 왕생에 더욱 문제가 없다는 것입니다. 그런 까닭에 선도대사께서는 "전수염불은 왕생을 하는 데 정정正定의 업이어서 열이면 열이 모두 왕생한다"라고 말씀하신 것이며, 모든 사람들이 임종할 때 염불을 할 수 있어야만 비로소 왕생할 수 있다고 말씀하시지 않았습니다.

정토삼경의 입장에서 말한다면 모두 평생의 염불을 말한 것인데, 다만 표현을 함에 있어서 치중하는 점이 다를 뿐입니다. 『무량수경』의 '내지 십념'과 '일향전념'은 총강령·총원칙·총요구로서, 위로는 평생의 염불을 포함하고 아래로는 임종의 열 번·한 번의 염불을 포함합니다. 『관경』의 하삼품에서 말하는 것은 임종염불의 상황인데, 이로써 일생의 염불을 포괄하는 것입니다. 『아미타경』의 하루나 이레까지를 말하는 것은 평생염불의 상황인데, 아울러 이로써 임종의 염불을 포괄하는 것입니다. 다시 말해 이 법문을 만나고 나서 아직 하루의 수명이 남아 있으면 하루 동안 염불을 하고, 아직 이레의 수명이 남아 있으면 이레 동안 염불을 하는 것이니, 수명의 장단에 따라서 한평생 염불을 한다는 의미입니다. 이 점과 관련해서 우리는 아래에 다시 전문적으로 깊이 검토할 것입니다.

평소에 "하루에서 이레 동안 명호를 집지하여 일심불란하면", 다시 말해 믿음과 발원이 견고하게 전수염불을 하는 사람, 이 사람은 어떨까요? 그도 역시 죽을 거잖아요! 그는 일생 동안 염불하던 사람이었습니다. 그런데 이제 곧 목숨을 마칠 때가 되었는데, 어떻습니까? 이어서 다음의 경문에서 말씀하셨지요.

그 사람이 목숨을 마치려 할 때 아미타불께서 여러 성중들과 함께 그 사람 앞에 나타날 것이니라.
其人臨命終時, 阿彌陀佛, 與諸聖衆, 現在其前.

평생을 염불하던 사람은 임종할 때 부처님께서 성중들과 함께 자연히 그 사람 앞에 나타나게 되는데, 이때에 그 사람이 염불을 하든 못하든 간에 부처님과 성중들이 모두 오셔서 몸을 나투시기 때문에 경문에서는 임종할 때에도 다시 염불을 해야 한다고 말씀하시지 않고, 단지 "그 사람이 목숨을 마치려 할 때 아미타불께서 여러 성중들과 함께 그 사람 앞에 나타날 것이니라"라고 말씀하신 것입니다. '그 사람'이란 바로 평생에 전수염불을 하던 사람을 가리키는 것으로, 그가 평소에 염불하며 왕생하기를 발원하였기 때문에 평소에 이미 원인을 심어서 이때에 결과가 나타난 것입니다. 따라서 '비록 평소에 염불을 했다 하더라도 임종할 때에도 반드시 염불을 할 수 있어야 한다. 그렇지 않으면 부처님께서 영접하러 오시지 않아 왕생할 수 없을 것이다'라고 생각하는 것은 경문에 대한 아주 명백한 오해입니다.

오해 ②

계속해서 두 번째 오해는 자신에게 임종할 때 '마음이 뒤바뀌지 않도록' 보증할 수 있는 능력이 있어야 하며, 그렇지 않고선 왕생할 수 없다고 여기는 것입니다. 이것 역시 오해입니다. 왜냐하면 『아미타경』의 경문에 의하면 임종할 때 '마음이 뒤바뀌지 않는 것'은 부처님의 힘으로 보증을 해주시는 것으로서, 평생을 전수염불하면 임종할 때 부처님께서 자연히 영접하러 오시기 때문입니다. 부처님께서 영접하러 오셔서 자비원력으로 우리를 가지加持해주시면 우리의 마음은 정념 가운데 머물게 되고, 마음이 뒤바뀌지 않고 부처님을 따라 왕생하게 됩니다. 그런 까닭에 그 다음의 경문에서 말씀하셨지요.

그 사람이 목숨을 마칠 때에 마음이 뒤바뀌지 않고,

곧바로 아미타불의 극락국토에 왕생하게 되느니라.

是人終時, 心不顚倒, 卽得往生, 阿彌陀佛, 極樂國土.

그렇게 부처님께서 나타나셨을 때에 이 사람은 부처님을 친견하고 마지막 숨을 내쉬고 목숨을 마치는데, 이때 찰나 간에 서방극락세계에 왕생하게 됩니다. 경문에서는 직접적으로 이 사람이 목숨을 마칠 때는 '마음이 뒤바뀌지 않는다'고 말씀하셨지 여전히 어떠한 노력을 해야 한다고는 말씀하시지 않았습니다. 이것 역시 부처님께서 영접을 오시면서 가지를 해주신 결과이지 우리 범부들 자신의 능력은 아닙니다.

현장대사께서 번역하신 『아미타경』에서는 이렇게 말씀하셨지요.

자비롭게 가지와 보호를 하여
마음이 어지럽지 않게 해주시니라.
慈悲加佑, 令心不亂.

'마음이 어지럽지 않는 것'이 바로 '마음이 뒤바뀌지 않는 것'입니다. 우리 자신에게 마음이 어지럽지 않게 할 능력이 있어서가 아니라 아미타불께서 우리를 '자비롭게 가지와 보호'를 하시어 우리로 하여금 마음이 어지럽지 않도록 해주시는 것이지요. 죽을 때가 되면 사람들은 매우 괴롭습니다. 사대가 흩어지는 괴로움, 가족과 헤어지는 괴로움, 몸을 버려야 하는 괴로움과 과거의 모든 업력들이 한꺼번에 나타나는 등의 갖가지 괴로움들이 있지요. 그래서 아미타불께서는 우리를 위로해 주시려고 "내가 큰 광명을 놓아 이때에 반드시 너희들을 영접하고 위로하러 올 것이다"라고 말씀하신 것입니다.

우리가 임종할 무렵 아미타불께서 큰 광명을 놓아서 우리를 영접하러 오실 때, 우리의 모든 업장과 모든 괴로움과 불안함은 즉각 상쾌함으로 변하여 마음은 아주 편안하고 기뻐하게 됩니다. 그런 까닭에 "자비롭게 가지와 보호를 하여 마음이 어지럽지 않게 해주신다"고 말씀하신 것입니다. 부처님의 자비심과 서원과 공덕이 우리를 가지하고 우리를 보호하여 우리의 마음이 안정될 수 있도록 해주시는 것이지 우리 자신에게 마음이 뒤바뀌지 않게 할 능력이 있는 게 아니라는 겁니다. 다시 말해 우리 자신에게 먼저 마음이 뒤바뀌지 않을 능력이 있은 다음에 부처님께서 우리를 영접하러 오시는 게 아니라는 말씀이지요.

다들 잘 들으셔야 합니다! 우리 자신이 먼저 마음이 뒤바뀌지 않아야만 비로소 부처님께서 영접하러 오시는 게 아니라, 우리가 평소에 염불을 하면 부처님께서 반드시 우리를 영접하러 오신다는 것입니다. 부처님께서 우리를 영접하러 오셨기 때문에 우리가 비로소 마음이 뒤바뀌지 않는 것이지요. 이 점을 확실히 아셔야 합니다!

오해 ③

세 번째 오해는 '부처님께서 비록 임종할 때 나를 영접하러 오신다고는 하셨지만, 만약 그때 내가 혼수상태에 빠져 있다면 어떡하지?'라고 생각하는 것입니다. 겉모습이 혼미해 있으면 아무것도 모를 거라고 생각하는 것인데, 이것 역시 오해입니다. 왜냐하면 겉모습은 비록 혼미해 있어도 마음은 여전히 아주 뚜렷하게 바깥 경계들을 인식하고 있어서 부처님께서 우리를 영접하러 오시면 우리는 아주 분명히 알 수 있기 때문입니다.

예컨대 『염불감응록』 제3집 제136편에 귀양貴陽에 사는 장묘신蔣妙信 연우의 사례가 기록되어 있습니다. 그녀는 두 눈이 실명된 맹인으로 평소에 전수염불을 했는데, 대변을 보다가 너무 힘을 준 탓에 뇌혈관이 파열되었지요. 여러 날 혼수상태에 빠져 있던 그녀는 깨어나자마자 바로 "부처님께서 나를 영접하러 오셨으니, 난 이제 왕생한다!"고 말씀하시고는 다시 정신을 잃었다가 그날 오후에 왕생하셨는데, 가시는 모습이 아주 좋았습니다. 선천적인 실명으로 일생 동안 색깔조차 분간

하지 못하던 맹인이 혼수상태에서 부처님께서 그녀를 영접하러 오신 모습을 친견하셨다니 이 얼마나 희유한 일입니까! 게다가 그녀는 혼수상태에 빠지기 직전에도 염불을 하고 있었던게 아니었으니, 부처님께서 영접하러 오실 때는 눈이 먼 것도 장애가 되지 않았고, 혼수상태도 장애가 되지 않았으며, 임종 직전에 염불을 했느냐 못했느냐의 여부도 장애가 되지 않았습니다. 따라서 이런 것들을 의지하는 게 아니라, 우리가 평소에 염불을 하여 우리의 마음과 아미타불의 마음 사이에 서로 감응을 이루어서 자연히 왕생하는 것입니다. 마음(心識)은 어둡지 않고 영원히 사라지지도 파괴되지도 죽지도 않습니다. 뒤에 우리는 다시 두 가지 현실의 사례를 들어 증명을 하도록 할 겁니다.

그리고 어떤 사람이 쇼크 상태에 빠져서 인사불성이 되었다면, 그것은 단지 일시적인 신체기관의 고장으로 인해 혈관이 막혔다거나 정신이 혼미해진 것뿐이므로, 그것은 임종할 때 마음의 상태는 아닙니다.

명종의 세 단계

임종에서 명종命終에 이르기까지 사람의 심식心識에는 이른바 세 단계가 있으니, 곧 명료심위·자체애위·불명료심위(난심위)가 있습니다.

첫째는 명료심위明了心位입니다. 명종 상태에 가까워질 때 전5식인 눈·귀·코·혀·몸에는 여전히 작용이 남아 있고, 제6의식도 여전히 주인 노릇을 할 수 있으며 심식도 뚜렷하게 깨어 있기 때문에 '명료심위'라 부르는 것입니다. 그러나 이때는 곧 사망에 이르게 되면서 사대오온이 흩어지기 시작하기 때문에 몸과 마음은 극심한 고통을 받게 되지만, 다른 방면에서는 또 아주 분명하게 자신이 곧 죽게 된다는 사실을 알고 있기에, 처자식과 집안의 재산과 재물 등 평생을 사랑하던 사람이나 물건을 마주할 때 마음속으로 차마 헤어질 수가 없어서 참으로 엄청난 고통을 느끼게 되지요.

둘째는 자체애위自體愛位입니다. 첫 번째 단계에서 온갖 극심한 고통에 시달리다가 이때가 되면 몸과 마음은 더욱 더 허약해지고, 전5식은 이미 작용을 일으키지 않아서 눈으로 볼 수도 없고 귀로 들을 수도 없으며, 오직 제6의식의 미세한 생각만 존재하게 됩니다. 이때는 이미 벌써 자신의 일만으로도 힘에 벅차기 때문에 바깥의 처자식과 재물 등에 대한 생각도 내버리고서 오로지 한 가지 생각, 즉 자신의 몸에 애착하고 자신의 목숨을 아끼는 마음만 있게 되기 때문에 '자체애위'라고 부르는 것이지요.

맨 마지막은 불명료심위明了心位입니다, '난심위亂心位'라고도 부르는데. 즉 죽는 순간을 말합니다. 몸에 대해 아무리 집착하고 아껴 봐도 보존할 수가 없기에, 이때가 되면 모든 신체기관들이 기능을 멈추게 되며, 제6의식 역시 신체기관의 기능들이 사라짐에 따라 사라지게 됩니다. 제6의식의 작용이 없으면 윤회환생을 좌우하는 아뢰야식이 떠오르게 됩니다. 이때 금생 및 세세생생의 선업과 악업들이 떠오르게 되는데, 마치 꿈을 꿀 때 제6의식이 비교적 약하기 때문에 순서·논리·조리가 전혀 없고, 시간·공간도 모두 매우 혼란하여 이를 통제할 수 있는 주인 하나 없는 것과 같습니다.

사람이 죽을 때는 바로 이와 같아서 업력의 종자가 떠오르게 되면 마치 한 나라에 국왕이 없는 것과 같습니다. 나라에 왕이 없기 때문에 도적들이 떼거지로 몰려와서 서로 왕이 되려고 다투게 되는데, 이때는 누구의 힘이 강한지를 봐서 그 사람이 왕이 됩니다. 이와 같은 이치로 목숨을 마칠 때 현생 및 역겁歷劫의 선악 업력들이 한꺼번에 떠오르게 되는데, 업력이 나타나면 눈 깜짝할 사이에 그 중에 가장 맹렬한 선악의 업력을 따라서 선악의 굴레 가운데 태어나게 되며, 조금도 자신의 뜻대로 할 수가 없습니다. 마치 사람이 빚을 지게 되면 가장 큰 빚쟁이가 먼저 끌어당기게 되고, 마음의 실마리는 여러 갈래지만 무거운 쪽으로 치우쳐 떨어지게 되는 것과 같습니다.

보통사람들은 죽을 때 모두 이와 같아서 앞에서 말한 세 단계 중에 어느 단계에 처해 있든지를 막론하고 모두 극심한 괴로움과 두려움이 생기고, 놀라고 당황하여 허둥지둥하게 됩니다.『무량수경』에서 말씀하시기를, "목숨이 다하려 할 때 회한과 두려움이 번갈아 엄습해 온다"라고 하셨는데, 그 뜻은 목숨이 다하려 할 때 후회하고 놀라고 두려운 생각들이 한꺼번에 마음속을 향해 공격해온다는 것입니다. 무엇을 후회할까요? 예전에 항상 명예를 위하고 이익을 위하고 가정을 위하고 사업을 위해 살기만 했을 뿐, 여태껏 자신의 생사대사를 위해 고민해본 적이 없었던 것을 후회하고, 과거에 선행을 실천하고 공덕을 쌓지 않았으며 불법을 수행하여 생사대사를 위해 준비해두지 않은 것을 후회합니다. 놀라고 두렵다는 것은 도대체 어떻게 해야 하는지, 어디로 갈 것인지를 몰라 두려운 것이지요.

사람이 이때가 되면 자신의 뜻대로 할 수 없기 때문에 이른바 전도된 현상이 나타나게 됩니다. 악한 생각이 일어나기도 하고, 삿된 견해가 생겨하기도 하고, 미련이 생겨나기도 하고, 난폭해지기도 하고, 부부간의 애정이 생겨나기도 하는데, 이때에 원친채주寃親債主들도 이 기회를 노리고 와서 방해를 하여 정념을 잃게 만듭니다.

내영은 명료심위에서 이루어진다

그러나 염불하는 사람은 이상의 상황들이 발생하지 않습니다. 왜냐하면 아미타불께서 여러 성중들과 함께 우리를 영접하러 오시는 것은 바로 첫 번째 명료심위에서이기 때문입니다. 그래서 왕왕 임종조념을 할 때 임종을 하는 사람으로부터 영접하러 오신 불보살님들을 친견했다고 말하는 것을 들을 수 있는 것입니다. 염불하는 사람도 비록 죽음의 고통은 있지만 아주 경미하지요. 왜냐하면 아미타불과 여러 대보살님들의 내영이 있어서 부처님의 광명으로 두루 비춰주시고 부처님의 힘으로 보살펴주시기 때문에 마음이 뒤바뀌지 않고 마음이 착란을 일으키지 않으며, 명료심위에서 기쁜 마음으로 정념왕생正念往生을 할 수 있는 것입니다.

2) 삼경을 대조함

세 가지 시기

『아미타경』 속에는 세 가지 단계가 있는데, 하나는 평소, 하나는 임종, 또 하나는 명종입니다.

　평소란 바로 '아미타불에 대한 설법을 듣고 명호를 집지하여 하루나…… 이레 동안 일심불란하게' 전수염불을 하는 것, 이것이 평소입니다. 그럼 임종에는 어떨까요? 임종할 때 당신은 자연히 그 과보를 얻게 됩니다. "그 사람이 목숨을 마치려 할 때, 아미타불께서 여러 성중들과 함께 그 사람 앞에 나타나게 될 것이니라." 이때 부처님께서 우리를 영접하러 오십니다. 부처님께서 우리를 영접하러 오신 다음은 곧 세 번째 단계인 명종입니다. "그 사람이 목숨을 마칠 때에 마음이 뒤바뀌지 않느니라." 부처님께서 우리를 영접하러 오시는 것이 먼저이고, 우리가 목숨을 마칠 때에 마음이 뒤바뀌지 않는 것이 그 다음이므로, 우리의 마음이 뒤바뀌지 않아야만 비로소 부처님께서 우리를 영접하러 오시는 것은 아닙니다. 경문의 순서는 아주 분명합니다.

그것은 역시 아미타불의 제19원과도 완전히 딱 들어맞습니다. "목숨을 마치려 할 때에 내가 그 사람 앞에 나타나 영접을 할 것이다. 만약 그렇지 않으면 나는 성불하지 않겠다." 따라서 우리 전수염불하는 사람들은 '임종할 때 내 마음이 어지러워서 부처님께서 영접하러 오시지 않을까봐 두렵고, 내가 왕생할 수 없을까봐 두려워요……'라며 걱정할 필요가 전혀 없습니다.

아미타불의 보증

48원 가운데 제19원에서는 극락세계에 왕생하기를 원하는 사람들에 대해 아미타불께서 다음과 같은 보증을 해주셨습니다.

임종 시에 내가 대중들과 함께 그 사람을 둘러싸고 나타나
지 못한다면 성불하지 않겠다.
臨壽終時, 假令不與大衆圍繞, 現其人前者, 不取正覺.

"너희가 나의 극락정토에 왕생하기를 원하기만 하면 목숨을
마칠 때에 내가 너희를 영접하러 올 것이며, 만약 내가 오지
않는다면 나는 성불하지 않겠다!"고 하셨습니다.

아미타불께서는 성불을 하셨나요?

【대중: 성불하셨습니다!】

성불하셨지요. 그분이 성불을 하셨다면 이 발원은 실현되었
을까요, 실현되지 않았을까요?

【대중: 실현되었습니다!】

그럼 우리가 만약 왕생하기를 원한다면, 그분께서는 그때가
되면 오실까요, 오시지 않을까요? 그분께서 일시적으로 잊어
버린다거나 약속을 어긴다거나 오시지 않는다거나 그럴까요?
그분은 반드시 우리를 영접하러 오실 겁니다! 그럼 부처님
께서 우리를 영접하러 오셨을 때에도, 우리는 여전히 전도될
까요?

【대중: 아닙니다!】

우리는 전도되지 않을 것이며, 우리의 마음은 자연히 정념 가운데 머물게 될 것입니다.

따라서 이 '심부전도'는 아미타불의 서원이 우리를 위해 보증을 해주시는 것입니다. 즉 우리가 임종할 때 내영을 해주시므로 목숨을 마칠 때에 마음이 전도되지 않는 것이지요.

구품 하나하나가 모두 전도되지 않는다

왕생하는 사람들의 임종 상황과 관련해서『아미타경』에서는 비교적 간략하게 설하셨는데, 두 구절 말씀이 있습니다. 하나는 임종할 때 부처님과 성중들이 나타나 영접을 해주신다는 것이고, 또 하나는 목숨을 마칠 때에 마음이 전도되지 않고 곧바로 왕생하게 된다는 것입니다.『관경』에서는 하나하나 세부적인 사항으로 나누어 아주 상세하게 설명하셨는데, 다음의 아홉 가지로 귀납할 수 있습니다.

(1) 부처님과 성중들이 오신다: 수행자가 임종을 할 때에 아미타불과 여러 보살대중들이 함께 호호탕탕하게 오시는데, 번幡과 꽃들이 밝게 비치고 음악을 연주하는 소리가 허공에 가득하게 됩니다.

(2) 시자가 꽃을 들고 있다: 문득 보니 관음·세지 양대 보살께서 두 손으로 직접 연화보대蓮花寶台를 받쳐 들고서 공손히

아미타불을 모시고 곁에 서 계시면서 친절하게 우리들이 연화
보대에 올라오기를 기다리십니다.

(3) 아미타불께서 방광을 하신다: 이때에 아미타불께서는
큰 광명을 놓아 곧장 수행자의 몸을 비추시는데, 수행자가 부
처님의 광명에 비춰지면 모든 업장들이 완전히 없어져서 마음
에 위안을 얻고 크게 기뻐하게 되며, 기뻐하는 마음 가운데서
목숨을 문득 마치게 됩니다.

(4) 아미타불께서 손을 내미신다: 이때에 아미타불께서는
무수한 화불化佛들과 함께 동시에 보배 손을 펴서 드리우시며
수행자를 불러 영접하십니다.

(5) 손을 잡고 연화대에 오른다: 수행자가 부처님께서 드리
워주신 보배 손에 잡히게 되면 자연히 몸과 마음이 가볍게 떠
올라 곧바로 연화보대에 오르게 됩니다.

(6) 아미타불께서 찬탄하고 위로를 해주신다: 아미타불께서
친히 금구로 말씀을 해주시는데, 보살대중들과 함께 한목소리
로 찬탄을 하시면서 "선남자여! 그대가 부처님의 명호를 부른
까닭에 모든 죄가 소멸되어 내가 그대를 영접하러 왔노라!"라
고 말씀하십니다.

(7) 수행자가 기뻐한다: 이때에 수행자는 이미 부처님께서
직접 몸을 나투시어 영접하러 오신 것을 보았고, 또 보살님들
이 두 손으로 연화대를 받쳐 들고 기다리시는 것을 보았으며,

또 부처님의 광명이 곧장 자신의 몸을 비추시는 것을 보았고, 또 빛을 뿌리며 드리워주시는 보배 손의 접인을 받았으며, 또 자신이 이미 연화대에 앉아 있음을 보았고, 더욱이 몸소 찬탄과 위로를 해주시는 부처님의 목소리를 듣고서 기쁘기가 그지없고 그지없이 기뻐하게 되었으니, 더욱 말로써 표현할 수 있는 상황이 아닙니다. 그래서 바로 연화좌에서 머리를 숙여 부처님께 예배를 합니다.

(8) 수행자가 보고 듣다: 위에서 말한 모든 상황들을 왕생하는 사람이 직접 경험하고 똑똑히 두 눈으로 보고 정확히 두 귀로 들었기에, 아주 뚜렷하여 조금도 어렴풋하거나 답답함이 없습니다.

(9) 부처님을 따라 왕생한다: 수행자가 아직 연화대에서 부처님께 예배를 드리고 있는데, 머리를 들어보면 어느새 이미 아미타불의 극락보국에 도착하여 칠보로 된 연못 가운데서 화생을 하게 됩니다.

구품은 모든 범부중생을 대표하는 것으로, 상근기·중근기·하근기, 선인·악인, 그리고 상상품의 용맹정진을 하는 무리들과 하하품의 임종십념을 하는 근기들도 전부 그 속에 포함하고 있습니다. 『관경』에서 말하는 구품내영의 구체적인 세부사항들에 대해 비록 각 품 사이에 조금씩 차이가 있기는 하

나, 대체적인 상황은 같은 것입니다. 뿐만 아니라 모든 왕생하
는 사람들이 임종하기 전에 부처님께서 영접하러 오신 것부터
명종을 한 다음에 부처님을 따라서 왕생하는 하나하나의 모든
광경에 이르기까지 전부 직접 보고 직접 들은 것이므로, 아주
분명하고 확실하여 조금도 애매모호하지가 않아서 마음이 전
도되는 일들이 절대 존재하지 않으며, 다들 모두 기쁜 마음으
로 목숨을 마치게 됩니다.

따라서 제가 처음부터 말씀드렸듯이 우리 염불하는 사람들
은 기쁜 마음으로 죽는 것입니다. 보세요, 『관경』에서 아미타
불께서 우리를 영접하러 오신 것을 보고서 우리는 "뛸 듯이 기
뻐하고(歡喜踴躍)", "마음으로 크게 기뻐한다(心大歡喜)"고 아
주 분명하게 말씀하셨는데, 어떻게 전도되는 일이 있을 수 있
겠습니까?

3) 사례를 들어 설명함

뇌조하 이야기

여기서 현실의 사례 하나를 말씀드리겠습니다. 왜냐하면 우리
일반인들은 '만약 내가 혼수상태에 빠진다면 어떻게 왕생할
수 있단 말인가?'라며 걱정을 하기 때문이지요. 사실은 사람이

비록 혼수상태에 빠지거나, 아니면 식물인간이 되어도 마찬가지인데, 이것은 조금도 영향을 주지 않습니다.

뇌조하賴朝河라는 사람이 있었는데, 그는 대만 사람으로 군대에서 총기와 탄약을 관리하는 사병이었습니다. 하루는 실수로 탄약이 폭발하였는데, 마침 그가 폭발사고를 당하여 그 자리에서 바로 의식을 잃고 말았지요. 얼굴과 몸 전체에 모두 화상을 입고서 의식을 잃었지만 정말로 죽은 것은 아니었습니다. 사람들이 봤을 때는 죽은 거나 마찬가지였는데, 말을 못하고 오직 미약한 호흡만 있었기 때문이었죠. 의사들은 서둘러 긴급치료를 하였습니다. 우리가 봤을 땐 완전히 혼수상태에 빠진 상황이었지만, 그는 아주 뚜렷하고 아주 분명히 알고 있었습니다.

그는 어떤 상태였을까요? 그는 자신의 신식(神識: 영혼)이 몸을 떠나 있는 것을 보았고, 주변에 수많은 의사들이 거기서 자신을 구하느라 바삐 움직이고 있었는데, 그의 몸은 한 겹 한 겹으로 미라와 같이 싸매져 있는 것을 보았습니다. 옆에서 사람들이 하는 말도 그는 아주 분명하게 들을 수 있었지요. 그를 치료할 때 어떤 사람이 이렇게 건의를 했습니다. "이 사람을 대만 본도本島에 보내서 치료해야 하지 않을까요? 그곳 병원의 치료여건이 비교적 좋습니다."(그가 어디에 있었냐면 마조馬

祖라는 곳에 있었는데, 대만의 바깥 섬(外島: 마조열도)이었지요.)
그러자 옆에 있던 의사 한 분이 동의를 할 수 없다며 말했습니다. "그건 안 됩니다. 이 사람은 곧 죽게 생겼습니다. 이렇게 허약한데 어떻게 보낼 수 있겠습니까?" 의사들이 이런 말을 하는 것을 그는 아주 분명하게 들었는데, 그가 좋다 싫다는 의견을 말하고 싶었지만, 의사들이 들을 수가 없었기에 공연히 애만 태울 뿐 소용이 없었습니다.

그 다음 그는 여기저기 떠돌아다녔답니다. 게다가 그의 눈은 저절로 천안통이 갖춰져서 벽을 사이에 두고 의사들이 옆방에서 어느 여성 환자를 수술하는 광경도 아주 뚜렷이 볼 수 있었으며, 위층도 볼 수 있고 아래층도 볼 수 있었습니다. 또한 벽의 장애도 받지 않고 단번에 들어갈 수 있었답니다. 사람들이 그의 이름을 부르기만 하면 그는 즉각 그 사람 앞에 나타날 수 있었는데, 참으로 신기하였습니다.

나중에 그는 대만 본도로 이송되었습니다. 부대에 있는 친구들이 마조에서 종자(粽子: 쭝즈. 찹쌀을 대나무 잎사귀나 갈대 잎에 싸서 삼각형으로 묶은 후 찐 음식으로, 단오절에 굴원屈原을 기리기 위한 풍습)를 만들어 먹으면서 말했지요. "뇌조하가 만일 사고만 당하지 않았으면 오늘밤의 종자를 그도 먹을 수 있었을 텐데……." 그의 이름이 불리자 그는 곧바로 듣고서 본도로부터 마조까지 왔답니다. 이름이 불렸을 때 그는 이미 도착하여 "이 종자들을 잘 포장해서 뇌조하가 먹도록 몇 개를 보내자"라는 뒷부분의 말도 들었습니다.

총 23일을 혼수상태에 빠져 있었던 것에 대해 그는 아주 뚜렷이 기억하고 있었는데, 그 중의 삼일 동안 그는 아주 좋은 향냄새를 맡았답니다. 무슨 까닭일까요? 그의 어머님은 감응이 있어서 마음속으로 매우 불안해하며 "아들에게 무슨 일이 생긴 것 같아"라고 했지요. 그래서 뇌조하의 형더러 전화를 해서 현재 그가 어떠한지 알아보라고 하셨지요. 그러나 뇌조하가 폭발사고를 당한 뒤에 부대에서 그의 가족들이 불안해 할까봐 소식을 두절시켰기 때문에 그의 형이 전화를 해봐도 아무런 소득이 없었습니다.

그의 어머니는 더욱 불안한 느낌이 들어 스님을 찾아서 여쭤봤습니다.

"스님, 어떡하면 좋을까요?"

스님이 그녀에게 말했지요.

"당신이 오로지 염불만 하시면 재난을 소멸하고 모든 게 다 좋아질 겁니다."

어머니는 집으로 돌아온 뒤에 정성을 다해 염불하였습니다. 그 삼일 동안 그녀는 아주 정성스럽게 집중하여 염불을 하셨을 뿐만 아니라 최고급의 전단향도 사왔습니다. 그 결과, 삼일 동안 그의 어머님이 부처님 전에 올리셨던 전단향의 향기를 뇌조하가 병원에서 맡았던 것입니다. 보세요, 이렇게 감응을 이루고 이렇게 불가사의합니다. 전화로 연락할 수도 없고 모든 소식이 끊겨 어디에 있는지 전혀 모르는 상황이었지만, 염불을 하면 감응할 수가 있어서 찾을 필요가 없었습니다.

이 사례는 최소한 다음의 몇 가지 점을 설명합니다.

첫째, 사람이 죽으면 사라지는 게 아니라 여전히 그대로 존재한다는 점입니다.

둘째, 그가 정신을 잃고 있었지만, 식물인간처럼 말도 못하고 음식도 못 먹는다고 해서 그가 혼미해 있다고 단정 지을 수 없다는 점입니다. 그의 심식은 뚜렷이 깨어 있어서 아주 분명히 느끼고 있었지요. 심지어 그를 치료해주던 의사들도 타지에서 모셔온 분이어서 본래 그가 모르는 사람들이었지만, 23일 뒤에 깨어나서 그분들의 이름을 전부 부를 수 있었답니다. 사람들이 의아한 생각이 들어서 물었지요. "나는 자네와 지금까지 만난 적이 없었는데, 자네가 어떻게 나의 이름을 안 거지?" 그가 대답했습니다. "선생님 동료들과 서로 부르는 이름을 제가 들은 지 벌써 20여 일이나 지났기 때문에 제가 선생님을 알아보는 거죠!" 그가 입을 열자마자 그들의 이름을 불렀으니 얼마나 신기합니까?

셋째, 그에게 신통력이 있어서 그의 이름만 부르면 바로 현장에 도착한다는 점입니다.

그럼 우리도 생각을 해봅시다. 그의 신통이 클까요, 아니면 아미타불의 신통이 클까요?

【대중: 아미타불입니다!】

그의 몸은 타이베이의 병실에서 식물인간처럼 그곳에 누워 있었지만, 마조에 있는 친구들이 그의 이름을 부르는 즉시 그는 마조에 도착해 있었습니다. 그조차도 이러한 신통력이 있는데, 하물며 우리가 부르는 아미타불이시겠습니까?

아미타불께서 소리에 응하여 바로 나타나시다

우리가 여기서 나무아미타불을 부르면 아미타불께서 즉각 이곳에 오신다는 것에 대해 우리는 조금도 의심하지 않습니다! 열 사람이 부르면 부처님은 열 사람 곁으로 오십니다. 그분은 백천만억의 분신分身을 나툴 수 있으시니까요!

선도대사께서는 『관경소』에서 이렇게 묘사하셨습니다.

중생이 행을 일으켜 입으로 항상 부처님을 부르면 부처님 께서 바로 들으시고,

몸으로 항상 부처님께 예경하면 부처님은 바로 보시고,

마음으로 항상 부처님을 생각하면 부처님은 바로 아신다.

중생이 부처님을 억념하면 부처님 역시 중생을 억념하신다.

중생이 부처님을 뵙기 원하면 부처님은 바로 그 생각에 응
하여 눈앞에 나타나신다.

衆生起行, 口常稱佛, 佛卽聞之;

身常禮敬佛, 佛卽見之;

心常念佛, 佛卽知之.

衆生憶念佛者, 佛亦憶念衆生.

衆生願見佛, 佛卽應念, 現在目前.

중생들이 입으로 나무아미타불을 부르면 부처님은 즉각 들
으시고, 중생들이 몸으로 부처님께 예배를 하면 부처님은 즉
각 보시며, 중생들이 마음으로 부처님을 억념하면 부처님은
즉각 아신다는 것입니다. 중생이 염불하며 부처님 뵙기를 원
하면 부처님은 즉각 그 사람 앞에 나타나시는데, 바로 이렇게
빠릅니다!

선도대사께서는 『관경』의 하품을 해석하실 때에 "아미타불
께서는 소리에 응하여 바로 나타나신다"고 말씀하셨습니다.
『관경』에서 하품중생의 사람은 부처님의 명호를 한 번밖에 부
르지 않았지만 아미타불께서 즉각 그 사람 앞에 나타나셔서
그를 영접하여 서방극락세계로 왕생케 하셨습니다. 마치 당신
을 부르는 우리의 소리에 응답하듯이 즉각 우리 앞에 나타나
시는 것입니다. 따라서 왕생이란 굉장히 쉬운 겁니다.

아래의 사례 역시 임종할 때에 비록 식물인간·혼수상태 등에 처하더라도 장애가 되지 않는다는 것을 설명하고 있습니다.

식물인간이 왕생한 이야기

어제 어떤 분이 이런 질문을 하셨습니다. "제가 다른 사람을 위해 조념을 해준다지만 그 사람은 이미 혼수상태에 빠졌잖아요! 제가 그에게 법문을 해준들 그가 들을 수 있을까요? 그가 이해할 수 있을까요? 제가 그에게 염불을 해주면 효과가 있을까요?"

반드시 효과가 있습니다! 반드시 들을 수 있습니다! 그때에 그가 아주 분명하게 들을 수 있기 때문에 당신은 절대로 그에게 미안한 얘기를 해서는 안 됩니다. "아무개야, 내가 죽었는데도 여전히 나에 대한 험담을 하다니! 당신은 나한테 미안하지도 않은가!" 그땐 좋은 말로 그의 마음을 위로해주어야 하는데, 그럼 그는 아주 분명하게 들을 수 있습니다.

또 하나의 사례가 있습니다. 상인(上人: 혜정법사)의 사촌매형은 한평생을 오로지 교사생활만 하시던 분이셨는데, 종교 신앙이라곤 전혀 없었을 뿐더러 종교를 연구할 시간도 없었습니다. 그는 63세에 돌아가실 때까지 30여 년 동안 교사생활을 하셨지요. 이 30여 년 동안에 그는 교육계로부터 40여 차례 표창을 받았고 25차례 공을 세웠으며, 또한 대만 최고지도자의 접견도 받았으니, 교육방면의 그의 성과를 짐작할 수 있을 것입니다. 게다가 그는 선생님들과 학생들에 대해 굉장한 관심과 애정을 가지셨으며 거기에 혼신의 힘을 다 쏟아 부었지요.

그가 63세가 되던 해에 그의 학교에서 100주년 개교기념일 행사를 하게 되었는데, 개교기념일 행사에 관한 업무들을 처리하기 위해 많은 작업을 해야 했습니다. 결국 과로로 인한 심근경색으로 갑자기 정신을 잃고 쓰러졌는데, 얼굴이 시퍼렇고 검게 변하여 급히 병원으로 보내어 구급치료를 하였지요. 그의 딸이 와서 보고는 깜짝 놀라 "아버지!" 하고 부르는 소리에 기적이 나타나 심장의 박동은 회복되었지만, 말을 할 수 없는 식물인간이 되고 말았습니다.

그의 가족들은 그를 구할 수 있는 모든 방법을 다 생각해 보았습니다. 이때 그의 부인은 문득 이런 생각이 들었지요. '아! 나에겐 아직 스님생활을 하고 있는 사촌동생 한 명이 있잖아. 아마 스님에게는 방법이 있을 거야.' 그래서 스님을 모셔왔습니다. 그녀는 스님(혜정법사)에게 무슨 신통력이 있거나 아니면 다른 어떤 고명한 방법이 있을 거라 생각했던 것입니다. 스님께선 병원으로 오신 뒤에 그 상황을 보시고는 바로 그에게 염불을 해주셨지요. 그의 병이 매우 위중하여 중환자실에 계셨기에 매번 30분씩 매일 세 번을 들어가 볼 수 있었습니다. 이 30분 중 15분가량의 시간을 가족들로 하여금 그에게 말을 걸도록 하였지요. "아버님! 우리는 당신을 매우 사랑합니다. 꼭 살아나셔야 합니다!" 그의 부인도 그의 머리를 빗겨주며 말했습니다. "당신은 머리를 빗는 것을 많이 좋아하셨는데, 제가 머리를 빗겨드릴게요, 아주 멋져요!"(그는 한평생 부처님을 믿은 적이 없습니다) 그리고 남은 15분 동안은 스님께서 그의 가족들과 함께 아주 정성스럽게 염불을 하셨지요.

환자는 줄곧 깨어나질 못했습니다. 이렇게 시간이 얼마나 지났을까요? 43일이 지났습니다.

43일 째 되던 날, 그의 셋째 딸(평소에도 불교를 믿지 않았습니다)은 어떻게든 자신의 아버지를 살리려고(그들은 매우 효순하였습니다) 하였습니다. 마침 어느 도량에서 불공을 드릴 준비를 하는데, "아무개님, 여기로 오셔서 불공을 한번 드려보세요. 아마도 당신의 아버님께 도움이 되실 거예요"라는 말을 듣고 바로 거기로 가서 염불을 하였습니다.

이렇게 염불을 하다가 오전 11시가 되었을 때 하나의 광경을 목격하게 됩니다. 그녀의 아버지가 아주 큰 연꽃 위에 장엄하게 앉아서 허공으로부터 표연하게 내려오셨는데, 얼굴에는 만족스러운 표정을 지으며 그녀를 향해 미소를 지어보이시는 것이었습니다. 그러나 한 가지 특이한 점이 있었는데, 그녀의 아버지가 출가한 스님들처럼 빡빡 깎은 머리를 하고 있었고, 게다가 입고 있던 옷도 스님들이 입는 가사, 비스듬히 걸친 가사를 하고 있었다는 것입니다. 그의 딸은 종교에 대한 개념이 전혀 없었기에 이런 현상을 보고도 이것이 서상이고 좋은 일이라고 생각하질 않았습니다.

이때 그녀가 전화 한 통을 받았지요. "아버님이 곧 임종할 것 같아, 빨리 돌아와!"(같은 시간에 그녀의 아버지는 심장박동을 멈추었습니다) 그래서 그녀는 매우 슬퍼하며 말했습니다. "저희 아버님이 곧 돌아가실 것 같아요." 그녀는 매우 슬펐습니다.

그 당시 이 도량에 티벳 라마 한 분이 계셨는데, 점심공양을 할 때 그녀가 급히 떠나려는 것을 보시고는 그녀에게 물었습니다. "당신은 왜 남아서 공양을 하지 않습니까?"

그러자 어떤 사람이 그녀를 대신해서 대답을 하였지요. "그녀의 아버님이 위독하셔서 급히 서둘러 가셔야 합니다."

라마께서 그녀를 위로하며 말씀하셨습니다. "당신은 슬퍼할 필요가 없어요. 당신의 아버님은 현재 부처님과 함께 계셔요. 오늘 우리가 여기서 드린 불공 중에 가장 성공적인 불공이었습니다!"

그런데 불공을 드릴 때 라마께서는 진언을 외우고 계셨지만 그녀는 진언을 외울 줄 몰랐습니다. 불자가 아니었기에 아무

것도 할 줄 아는 게 없어서 남들이 진언을 외울 때 그녀는 혼
자서 아미타불만 불렀던 것입니다. 대략 11시 정도에 이런 광
경을 본 것이었지요.

이 광경은 충분히 그녀의 아버지가 서방극락세계에 왕생하
셨다는 것을 증명합니다. 왜냐하면 그녀의 아버지는 한평생
불교를 믿지 않으셨을 뿐 아니라 빛이 나도록 머리를 빗고 매
끈하고 줄이 선 양복까지 입고 계셨는데, 어떻게 딸이 본 아버
지의 모습처럼 뜻밖에도 그런 출가자의 모습이겠습니까? 게
다가 어떻게 가사를 입고 연꽃에 앉아서 방광을 하며 오셨겠
습니까?

이에 대해 혜정법사님께서는 이렇게 해석하셨습니다. 사실
요 43일 동안 그가 계시던 병원의 중환자실은 폐관수행을 하
는 토굴과 다름이 없었다고요. 왜냐하면 혜정법사님께서 그에
게 법문하시기를, "아무개님, 당신은 현재 깊은 혼수상태에 빠
져 있습니다. 다시 말해 지금이 바로 사망하기 전 단계라는 겁
니다. 만약에 살아날 수 있다면 당연히 아주 좋겠지만, 살아
날 수 없다면 곧 죽게 될 것입니다. 당신에게 평소 종교 신앙
이 있든 없든 잠시 차치하고, 만약에 사후세계가 없다면 그만
이겠지만, 만약 있다고 한다면 육도윤회를 해야 하는 게 아니
겠습니까? 당신은 지혜가 있는 사람이므로 마땅히 염불하여

서방극락세계에 왕생해야 합니다. 아미타부처님은 절대 당신을 포기하지 않으실 것이고, 절대 당신을 싫어하지 않으실 겁니다"라고 말씀하셨고, 그 다음 그에게 염불을 매번 15분씩 세 번, 총 45분을 해주셨으며, 평소에도 염불기 한 대를 머리맡에 틀어놓고 하루 24시간 부처님 명호를 들려주었기 때문이지요.

우리는 상상할 수 있습니다. 그가 이처럼 장엄하게 왕생할 수 있었던 것은 그 동안에 그가 스님의 법문을 듣고 나서 마음속으로 '아, 이건 일리가 있는 말이구나'라고 느끼고서 염불을 했을 거라고 말입니다.

제3자의 입장에서 봤을 땐 '그 사람은 완전히 죽은 사람이잖아. 저기에 누워서 말도 못하고 움직이지도 못하고, 불러도 듣지를 못하고 말을 걸어도 대답을 못하는데……'라고 생각할 수도 있겠지요. 그러나 그의 마음은 아주 분명히 알고 있었습니다.

이것은 일반인들의 상황입니다.

하지만 우리 염불하는 사람들은 우리가 평소에 염불을 하였기 때문에 그와 같은 상황까지는 나타나지 않을 것이며, 그보다는 많이 좋을 겁니다. 왜냐하면 우리가 그때가 되면 아미타불께서 틀림없이 우리를 영접하러 와주시기 때문이니, 마음속

으로 편안하고 즐겁고 가뿐하게 아미타불을 따라서 극락세계
로 왕생할 것입니다.

염불하는 사람과 염불하지 않는 사람의 죽을 때 상황

다들 죽을 때의 상황을 알고 싶으세요? 염불을 하지 않는 사람
들은 죽을 때가 되면 온 하늘과 땅이 온통 컴컴하고 염라대왕
과 큰 귀신 작은 귀신들이 작살과 칼과 쇠사슬…… 등등을 들
고서 살기등등한 기세로 온 하늘을 가리며 몰려와서 그 사람
을 지옥으로 끌고 갑니다.

　그럼 염불하는 사람은 어떨까요? 이때는 온통 상서롭고 온
화한 기운들로 가득하지요. 옆에 있는 사람들이 봤을 땐 우리
가 크게 숨을 쉬고 작게 숨을 쉬고, 눈을 크게 떴다 작게 떴다
하고 있지만, 사실 우리의 심식은 이미 아미타불께서 영접하
러 오신 것을 본 것입니다. 아! 온통 부처님의 광명으로 가득
한 가운데 관세음보살님과 대세지보살님, 그리고 수많은 불보
살님들이 호호탕탕하고 무량무변하게 계시고, 공중에서는 미
묘한 하늘음악이 연주되고, 하늘에서 갖가지 미묘한 연꽃들이
흩날려 떨어지며, 갖가지 미묘한 향기들이 허공 속에 가득 차
있습니다. 보살 성중들은 손에 보배 연꽃을 들고 우리 앞으로
다가오시고, 우리가 밤낮으로 그리던 아미타불께서 마침내 우
리 앞에 모습을 드러내시어 대광명을 놓아 우리를 가지加持해

주십니다. 부처님께서 우리에게 말씀하시기를, "선남자여, 그
대가 한결같이 염불한 까닭에 내가 그대를 영접하러 왔노라!"
라고 하시면서, 보배 손으로 한 번 손짓하면 우리는 순식간에
연화보대 위로 올라가게 되니, 그때 우리는 얼마나 기쁘겠습
니까! 직접 부처님의 존안을 친견하고서 기쁜 마음으로 예배
를 드리려고 우리는 절을 합니다. 선도대사께서 하신 두 구절
말씀이 있는데, 우리들의 왕생의 쉬움과 수승함을 잘 묘사하
고 있습니다.

> 머리 숙여 예불할 땐 이 세상이었는데,
> 머리 들어보니 이미 아미타불의 나라에 이르렀네.
> 低頭禮佛在此界, 擧頭已到彌陀國.

우리가 머리를 숙여 예불을 할 때에는 아직 사바세계였으
나, 머리를 들어보니 이미 극락세계에 이르렀다는 말이지요.
바로 이렇게 빠르고 이렇게 쉽습니다.

따라서 우리가 평소에 일향전념만 한다면 임종할 때 정념이
없을까봐 걱정할 필요가 없는 것이지요. 우리는 아주 분명하
고 아주 뚜렷하게 자신이 성중들을 따라서 서방극락세계에 왕
생하는 것을 볼 수 있습니다.

세 가지 점은 모두 난관이 되지 않는다

우리 다시 한 번 복습해보도록 하겠습니다.

첫 번째, '많은 선근' – 염불이 바로 많은 선근입니다. 다들 할 수 있겠지요?

【대중: 할 수 있습니다!】

아직도 많은 선근이 없을까봐 걱정하실 건가요?

【대중: 아닙니다!】

만약 걱정이 된다면, 그래도 염불을 해야 합니다. 염불만 하면 바로 많은 선근이니까요.

두 번째, '일심불란' – 전專이 바로 일심불란입니다. 전심專心이 바로 일심이고, 전념專念이 바로 불란입니다. 다들 할 수 있겠습니까?

【대중: 할 수 있습니다!】

이런 '일심불란'이라면 충분히 할 수 있습니다!

세 번째, 우리가 전수염불하고 일심불란하게 염불만 한다면 임종할 때 부처님께서 우리를 영접하러 오실까요, 오시지 않을까요?

【대중: 오십니다!】

부처님께서 우리를 영접하러 오시는데, 그럼 우리는 전도될까요, 전도되지 않을까요?

【대중: 전도되지 않습니다!】

전도되지 않아요! 반드시 왕생합니다!

따라서 이 세 가지 점은 모두 난관이 되질 않습니다. 만약에 이렇게만 할 수 있다면, 우리는 아미타불을 부르면 부를수록 더욱 기뻐하게 될 겁니다. 좋아요! 염불이 바로 많은 선근이니, 나는 현재 염불을 하고 있습니다. 나무아미타불, 나무아미타불, 나무아미타불……. 전일함이 바로 일심불란이므로 나는 전일하고 또 전일할 것입니다. 이렇게 임종할 때가 되면 부처님께서는 반드시 나를 영접하러 오시므로 목숨을 마칠 때에 나의 마음은 뒤바뀌지 않습니다. 이는 아주 자연스러운 것입니다.

그렇다면 『아미타경』의 이 단락의 경문은 아주 간단하고 아주 분명하여 조금도 어렵지 않습니다. 다음으로 아직 두 가지 작은 문제가 남아 있는데, 간단한 마무리 작업으로 그것을 해결해보겠습니다.

4. '선남자·선여인'에 관해서

염불이 바로 선남자·선여인이다

첫 번째 문제입니다. 무엇이 '선남자·선여인'일까요?

경문에서 말씀하시기를, "선남자·선여인이 아미타불에 대한 설법을 듣고 명호를 집지한다"고 하셨지요. 어떤 사람이 말합니다. "비록 염불을 하더라도 만약에 오계와 십선의 기준에 도달하지 못한다면 왕생할 수 없다. 왜냐하면 『아미타경』에서 선남자·선여인을 말씀하셨기 때문이다"라고 말입니다. 정말로 그러하다면 우리 많은 사람들은 또 눈이 휘둥그레질 겁니다. 자신을 생각해 보면 '오계와 십선을 실천하였는가? 아니다!' 그럼 왕생할 수 없으면 어떡하지? 이것도 문제입니다.

사실은 이것 역시 문젯거리가 되는 게 아니라 경문에서 말씀하신 '선남자·선여인'에 대해 오해를 한 것입니다. 생각을 해보세요, 아미타불께서 스스로 '시방중생'을 구제하시겠다고 발원을 하셨는데, 시방중생에는 삼배구품과 일체 선악범부들을 포함하고 있습니다. 그런데 석가모니불께서 어떻게 중간에 방해를 하며 오직 선인만이 염불해서 왕생할 수 있을 뿐, 악인은 염불을 해도 왕생할 수 없다고 말씀하실 수 있겠습니까?

그런데 경문에서는 분명히 '선남자·선여인'을 말씀하셨으니, 도대체 어떻게 이해해야 할까요? 먼저 정답부터 말씀드릴게요. 당신이 염불을 하면 바로 선남자·선여인이고, 당신이 염불을 하지 않는다면, 당신이 설사 오계와 십선을 닦는다 하더라도 역시 '선남자·선여인'이라 불릴 자격이 없습니다.

『관경』에서 부처님의 찬탄

우리는 경문의 증거를 보겠습니다. 예컨대 『관경』 하품상생의 경우에는 본래 십악의 죄를 지은 사람이었지요. 경문에서 "많은 나쁜 짓을 저질러 놓고도 부끄러운 줄 모른다"고 하셨는데, 살생·투도·사음·망어·양설·악구·기어·탐·진·치…… 등을 전부 다 범했습니다. 그는 한평생 좋은 일이라곤 한 번도 해본 적이 없고 나쁜 짓만 일삼은 그런 사람이었습니다. 그가 지금 곧 죽게 되었는데, 이런 사람이야말로 마땅히 진정한 악인이라 불러야 하겠지요. 그렇지 않나요? 그럼 임종하기 직전에는 요? 그가 선지식을 만났는데, 선지식은 그에게 나무아미타불을 부르라고 가르쳐주셨지요. 그래서 그가 바로 나무아미타불을 한 번 부르자 아미타불께서 즉각 나타나시어 그를 영접하시면서 찬탄을 하셨는데, 뭐라고 찬탄하셨습니까?

선남자여! 그대가 부처님의 명호를 부른 까닭에
모든 죄가 소멸되어 내가 그대를 영접하러 왔노라.
善男子! 以汝稱佛名故, 諸罪消滅, 我來迎汝.

이는 한 번의 염불을 했기 때문에 아미타불께서 그를 선남자라고 찬탄하신 것이지 그의 평소 행위에 의해서 찬탄하신 것은 아닙니다. 평소에 그에게는 온갖 나쁜 행위만 있었기에 언급할 수가 없거든요. 그가 염불을 한 까닭에 아미타불께서 그에게 '선남자'라는 칭호를 주신 것입니다. 왜 염불만 하면 선남자라 불릴 수 있을까요? 왜냐하면 염불을 하면 모든 죄업이 사라지고 공덕을 구족하게 되며 악인이 선인으로 바뀌게 되기 때문이지요. 그런 까닭에 '내가 그대를 영접하러 왔노라!'고 하신 것입니다. '선남자'이든, '모든 죄업이 소멸됨'이든, '내가 그대를 영접하러 왔노라'이든 모두 염불을 했기 때문이니, 네 구절 가운데 '그대가 부처님 명호를 부른 까닭'이 핵심입니다.

즉 부처님의 명호를 부른 까닭에 선남자라 부르는 것이고, 부처님의 명호를 부른 까닭에 모든 죄업이 소멸되는 것이며, 부처님의 명호를 부른 까닭에 내가 그대를 영접하러 왔노라고 말씀하신 것이죠.

따라서 죄가 얼마나 큰지를 막론하고, 당신이 염불만 한다면 악을 선으로 바꿀 수 있습니다.

선도대사의 해석

선도대사의 해석 몇 구절을 보도록 하겠습니다.

① 『관경소·산선의』

『아미타경』에서 설하시길,

"일체 범부가 하루에서 이레 동안 일심으로 아미타불의 명호를 전념하면 반드시 왕생한다"라고 하셨다.

《彌陀經》中說: "一切凡夫, 一日七日, 一心專念彌陀名號, 定得往生."

선도대사께서는 『아미타경』의 경문을 인용하여 해석을 하셨는데, '선남자·선여인'을 '일체 범부'로 해석하셨습니다. 따라서 '일체'라고 말한 이상, 그 속에는 선인도 포함하고 악인도 포함하므로 일체 선악범부를 말하는 것이지요.

②『관념법문』1

『아미타경』에서 설하시길,
"부처님께서 말씀하셨다. 만약 어떤 남자·여인이 하루나
이레 동안 일심으로 아미타불의 명호를 전념한다면, 그 사
람이 임종할 때 아미타불께서 여러 성중들과 함께 자연히
오셔서 영접하게 되어, 곧바로 서방극락세계에 왕생한다"
라고 하셨다.
《彌陀經》中說: "佛言: 若有男子, 女人, 或一日, 七日, 一心
專念, 彌陀佛名. 其人命欲終時, 阿彌陀佛與諸聖衆自來迎接,
卽得往生西方極樂世界."

　이 단락의 경문 중에서 선도대사께서는 '선善'자를 생략해버
리고, 직접 '남자·여인'이라 말씀하셨는데, 이것 역시 선악에
관계없이 선악을 모두 그 속에 포함한다는 의미입니다.

③『관념법문』2

『아미타경』에서 설하시길,
"부처님이 세상에 계실 때든 부처님이 열반에 드신 후든,
일체 죄업을 짓는 범부들이 다만 마음을 돌려 아미타불을

부르며 정토에 왕생하기를 발원하되,

위로는 백년을 다하고 아래로는 이레, 하루, 열 번, 세 번,

한 번 등 (부처님의 명호를 부른다면)

목숨을 마치려고 할 때, 부처님과 성중들이 자연히 영접하

러 오시어 바로 왕생을 하게 된다"라고 하셨다.

《彌陀經》云: "若佛在世, 若佛滅後, 一切造罪凡夫, 但回心念

阿彌陀佛, 願生淨土;

上盡百年, 下至七日, 一日, 十聲, 三聲, 一聲等;

命欲終時, 佛與聖衆, 自來迎接, 卽得往生."

이 단락은 더욱 명쾌합니다. '일체 죄업을 짓는 범부'라고 말

한 것은, 곧 당신이 선한 범부든 아니면 악한 범부든 막론하고

일단 범부라면 죄를 짓는다는 것입니다. 여기서는 기준이 더

욱 높습니다. 염불을 완전한 선으로 간주한 것이므로, 염불의

선에 견주어 볼 때 범부의 선은 여전히 죄업이어서 전혀 선이

라 할 수 없다는 것입니다.

따라서 경문에서 '선남자·선여인'을 말한 것은 그가 이미 염

불을 하고 있는 입장에서 말한 것이고, 선도대사의 해석은 본

래 그가 아직 염불을 하지 않은 각도에서 말한 것입니다. 본래

는 '일체 죄업을 짓는 범부'였지만 염불을 해서 '선남자·선여

인'으로 불리게 된 것이므로, 이는 『관경』에서 말씀하신 것과

마찬가지입니다.

『아미타경』에서 말하는 선의 기준

세간 사람들이 말하는 윤리도덕의 관념도 우리는 선이라 부르지요. 우리는 "아무개는 선을 닦고 덕을 쌓은 선인이다"고 말합니다. 그러나 서방극락세계에 왕생하는 것은 세간의 윤리도덕을 기준으로 삼는 게 아니라 극락왕생하여 성불하는 것을 기준으로 삼습니다. 그렇다면 오계 십선으로는 자격이 안 되므로 '선남자'라 불릴 자격이 없겠지요.

이 '선남자'는 무엇을 기준으로 하는 걸까요? 『아미타경』의 앞부분에 이런 구절이 있습니다.

여러 으뜸가는 훌륭한 사람들과 함께 모여 사느니라.
諸上善人, 俱會一處.

또 '적은 선근과 복덕'을 가진 사람은 왕생할 수 없다고 말씀하셨지요. '으뜸가는 훌륭한 사람'이란 당연히 아비발치阿鞞跋致의 보살과 일생보처一生補處의 보살들을 기준으로 삼는 것입니다. 그분들의 등급을 기준으로 한다면 오계 십선을 으뜸가는 선이라 말할 수 있겠습니까? 전혀 그렇지 않습니다. 인광대사께서도 말씀하시기를, "세간의 선업을 만약 염불의 정업淨業

에 견주어 말한다면 여전히 악업이다"라고 하셨습니다. 왜냐하면 그것은 여전히 윤회하는 것이고 여전히 오염된 것이어서 기껏해야 우리로 하여금 인간과 천상에 태어나도록 해줄 수 있을 뿐, 생사해탈하도록 해줄 수는 없기 때문입니다. 설사 아라한과 같은 성인일지라도 만약 아비발치와 일생보처를 기준으로 삼는다면 그분들은 성불의 싹을 틔울 수 없는 '바싹 마른 새싹과 썩은 종자(焦芽敗種)'에 불과하므로, 선이 아니라 악에 속하는 것입니다.

그럼 우리는 무슨 자격으로 선이라 불릴 수 있을까요? 우리가 염불을 하면 육자명호 속에 아미타불의 과지果地의 공덕이 원만히 구족되어 있기 때문에 많은 선근·큰 선근·가장 수승한 선근·위없는 선근이 되는 것이지요. 그런 까닭에 우리가 '선남자·선여인'으로 불리는 것입니다. 그러니 '오직 선을 닦고 덕을 쌓는 사람만이 자격이 있고 능력도 있고 아주 좋은 선심善心도 있어서, 그런 사람이 염불해야만 비로소 왕생할 수 있을 것이다. 그런데 나는 어떤가? 망상도 있고 잡념도 있고, 또 나쁜 생각들도 있기에 나는 염불해도 아마 왕생할 수 없을 거야.' 이렇게 의심하고 오해해서는 안 됩니다. 누구든지 염불만 하면 모두 '선남자'라 불리게 되고, 장래에 왕생하여 '으뜸가는 훌륭한 사람들과 함께 모여 살게' 됩니다.

이것이 '선남자·선여인'에 대한 해석입니다.

5. '약일일 약칠일'에 관해서

임종에 이를 때까지

두 번째 문제입니다. 무엇이 '약일일…… 약칠일'일까요?

『아미타경』에서는 "명호를 집지하여 약일일…… 약칠일 일심불란하게(執持名號, 若一日…… 若七日, 一心不亂)"라고 말씀하셨습니다. 여기서 '약일일…… 약칠일'은 하루나 이레에 한정된 게 아니라 한평생을 염불한다는 의미입니다.

예컨대 방금 우리가 배운 선도대사의 『관념법문』에서도 "위로는 백년을 다하고 아래로는 이레·하루·열 번·세 번·한 번에 이르는 등"이라 해석하셨는데, 이것이 바로 아미타불의 48대원 중 제18원에서 말하는 '내지 십념'입니다. '내지'란 곧 많게는 한평생의 염불로부터 적게는 열 번·한 번의 염불을 말하는 것입니다. 그래서 선도대사께서 총괄적인 설명을 해주셨지요.

> 한번 발심하고 나서
> 맹세코 이번 생이 다할 때까지 물러남이 없이
> 오직 정토왕생을 기약으로 한다.
> 一發心以後, 誓畢此生, 無有退轉, 唯以淨土爲期.

이것을 '약일일······ 약칠일'이라 부르는 것입니다. 일단 서방극락세계에 왕생하기를 발심하면, 나는 죽을 때까지 한평생 바뀌지 않는다는 것으로, 이 시기를 말하는 겁니다.

경문의 '약若'은 '또는(或者)'과 같은 정해지지 않았음을 나타내는 부정사不定詞입니다. 그럼 왜 정해지지 않았을까요? 왜냐하면 이 법문을 만나게 되는 시간에는 각자 빠름과 늦음이 있기 때문이지요. 어떤 사람은 이 법문을 만나고 나서 그 다음 날에 바로 숨이 끊어질 수도 있습니다. 그럼 이 하루 동안 그가 일심불란하게 전수염불을 한다면 이것을 '약일일 일심불란'이라 부르고, 또 어떤 사람이 삼일 째 되는 날에 숨이 끊어져 이틀 동안 염불할 시간이 있었다면 이것을 '약이일 일심불란'이라 부르며, 또 어떤 사람이 염불하여 칠일이 되는 날에

숨이 끊어졌다면 이것을 '약칠일 일심불란'이라 부릅니다.

　이치대로라면 그 뒤로 아직 약팔일·구일·십일……이 있어야 하는데, 그럼 언제까지일까요? 쭉 목숨을 마칠 때까지입니다. 그런 까닭에 『아미타경』에서 "약일일…… 약칠일"을 설하고 나서 바로 이어서 "그 사람이 목숨을 마치려 할 때"라고 설하신 것이지요. 그렇다면 매우 분명한 것은 쭉 임종할 때까지 끊임없이 명호를 집지해야만 비로소 '목숨을 마치려 할 때'라고 말할 수 있는 게 아니겠습니까? 그렇지 않다면 이 시기에 당신더러 염불을 하지 말라고 하셨겠습니까? 그럴 리가 없겠지요.

　그러나 어쨌든 끝없이 예를 들 수는 없기 때문에 칠일을 들어 기한으로 삼은 것인데, 이것 역시 일상적으로 자주 사용하는 표현법으로서 칠일을 하나의 주기로 삼은 것입니다. 칠일이 지나면 다시 처음부터 시작하여 약일일·약이일…… 약칠일이 되는 것이고, 또 지나면 다시 약일일…… 약칠일, 이렇게 끝없이 반복됩니다. 이는 마치 한 주에 칠일이 있는 것처럼, 칠일이 지나면 다시 처음부터 월요일·화요일……로 계산하는 것과 같습니다. 시간이 아무리 끝없이 길어도 역시 칠일이어서 칠일이 곧 영원한 것입니다. 오직 우리의 목숨이 끝나야만 비로소 상관없게 되겠지요.

염불 역시 마찬가지입니다. 목숨이 다할 때까지 끝없이 되풀이되므로 선도대사께서 해석하시길, "칠일 밤낮 마음에 틈새 없고, 장시간 행을 일으켜 배가 됨도 모두 그러하네. 임종할 때 성중들이 꽃을 들고 나타나니, 심신이 용약하여 금색 연꽃에 앉노라(七日七夜心無間, 長時起行倍皆然; 臨終聖衆持華現, 身心踴躍坐金蓮.)"라고 하셨지요. 배가 된다는 건 바로 곱절에 곱절을 반복한다는 말로서, 시시각각 죽음을 준비하되 죽지 않으면 계속해서 임종할 때까지 염불한다는 것입니다.

세 가지 체득

'약일일…… 약칠일'과 관련해서 저 개인적인 느낌을 말씀드리면 '사람의 목숨은 덧없다, 염불이 끊임없이 이어져야 한다, 왕생은 쉽다' 등의 세 가지 체득이 있습니다.

①사람의 목숨은 덧없다: 매일 죽는 날이 다가올 것을 준비하면서 일찍 정토로 돌아가길 간절히 바라는 것이지요. 오늘도 염불소리 가운데 또 하루가 지났는데, 아직 죽지 않았구나?! 아! 그럼 이것이 바로 약일일이고, 그 다음날도 또 하루가 지나 죽지 않았다면, 이것이 바로 약이일입니다.

②염불이 끊임없이 이어져야 한다: 정토왕생을 간절히 바

라는 가운데 자연히 염불도 끊임없이 이어질 것인데, 죽지 않고 한 숨만 붙어 있어도 하루 동안 염불을 하는 겁니다. 칠일을 일주기로 반복하고 또 칠일을 일주기로 반복하고 해서, 어쨌든 죽지 않고 살아만 있으면 염불하는 것이지요.

③ 왕생은 쉽다: 하루에서 이레까지 염불하면 반드시 왕생한다고 하니, 듣기만 해도 아주 쉽고 환희심이 생기지요. 만약에 성도문의 수행을 말한다면 그것은 '삼대아승지겁'을 말해야 하는데, 어떻게 이것과 비교할 수 있겠습니다. 상상하려 해도 감히 상상조차 못할 겁니다.

III.

종결

핵심 중의 핵심

『아미타경』의 이 단락 경문에 대해 우리는 이미 자세히 배웠습니다. 여러분들 모두 조금 복습해볼 수 있을 겁니다. 첫째는 '많은 선근과 복덕'에 관해서이고, 둘째는 '일심불란'에 관해서이며, 셋째는 '심부전도'에 관해서이고, 넷째는 '선남자·선여인'에 관해서이며, 다섯째는 '약일일…… 약칠일'에 관해서입니다. 이 다섯 가지 점에 대해 일반인들은 왕왕 글자 그대로 뜻을 짐작하기 쉬워서 오해가 생길 수 있지요. 그러나 만약 선도대사의 해석에 의거한다면 우리의 마음은 아주 분명해질 것이고, 마음이 분명해지면 신심도 견고해지고 확고해져서 수행하는 데 큰 힘이 생길 것입니다.

선도대사께서는 어떻게 해석하셨습니까? 선도대사의 해석은 곧 하나의 '전專', 곧 전칭불명(專稱佛名: 오로지 부처님의 명호를 부르는 것)이었습니다.

전칭불명이 바로 '많은 선근'이요,

전칭불명이 많은 선근인 까닭에 '선남자·선여인'이라 부르는 것이요,

전칭불명하여 각자 수명대로 길고 짧음의 제한이 없는 것이

바로 '약일일·약칠일'이요,

전칭불명하되 순일하여 뒤섞임이 없는 것이 바로 '일심불란'이요,

전칭불명하면 임종할 때 부처님께서 자연히 영접하러 오시어 불력으로 보호해주시므로 자연히 '심부전도'하여 정념으로 왕생하는 것입니다.

따라서 이 '전專'이야말로 핵심 중의 핵심이고, 중점 중의 중점이며, 관건 중의 관건입니다.

경문과 조사 해석의 대조표

다음은 『아미타경』의 이 단락 핵심 경문과 선도대사의 해석을 문장별로 대조하여 도표로 만들어 본 것입니다.

아미타경	만약 어떤 선남자·선여인이	아미타불에 대한 설법을 듣고 명호를 집지하여	하루든…이렛날이든	일심불란하면	그 사람이 임종할 때 아미타불께서 여러 성중들과 함께 이 사람 앞에 나타나게 되는데, 이 사람은 목숨을 마칠 때 마음이 전도되지 아니하고 바로 아미타불의 극락국토에 왕생하게 되느니라

(1) 관경소 현의분	만약 어떤 선남자·선 여인이	아미타불에 대한 설법을 들었으면 마땅히 명호를 집지해야 하는데	하루 내지 이레 동안	일심으로 왕생을 발원하면	목숨을 마치려 할 때 아미타불께서 여러 성중들과 함께 영접하여 왕생한다
(2) 관경소 산선의	일체 범부가		하루에서 이렛날을	일심으로 아미타불의 명호를 전념하면	반드시 왕생한다
(3) 관경소 산선의	일체 범부는 죄와 복의 많고 적음, 시절의 오래고 가까움을 막론하고	다만 능히	위로는 백년을 다하고 아래로는 하루에서 이레에 이르기까지	일심으로 아미타불의 명호를 전념하면	반드시 왕생한다
(4) 관념법문	만약 어떤 남자와 여인이		칠일 밤낮 및 일생을 다하여	일심으로 아미타불을 전념하며 왕생을 발원한다면	
(5) 관념법문	만약 어떤 남자여인이		하루든 이레든	일심으로 아미타불의 명호를 전념하면	이 사람이 임종할 때 아미타불께서 여러 성중들과 함께 자연히 영접하러 오시어, 곧바로 서방극락세계에 왕생하게 된다.

(6) 관념법문	부처님이 세상에 계실 때든 부처님이 열반에 드신 후든, 일체 죄업 짓는 범부들이	다만 마음 돌려 아미타불을 부르며 정토에 왕생하기를 발원하되,	위로는 백년을 다하고 아래로는 이레, 하루, 열 번, 세 번, 한 번 등 (부처님의 명호를 부른다면)		목숨을 마치려고 할 때, 부처님과 성중들이 자연히 영접하러 오시어 바로 왕생을 하게 된다.
(7) 왕생예찬	만약 어떤 중생이	아미타불에 대한 설법을 들었으면 마땅히 명호를 집지해야 하는데	하루든, 이틀이든, 내지 이레이든	일심으로 칭명염불을 하여 난잡하지 않으면	목숨을 마치려 할 때, 아미타불께서 여러 성중들과 함께 이 사람 앞에 나타나게 되는데, 이 사람은 죽을 때 마음이 전도되지 않고 바로 저 나라에 왕생하게 된다.
(8) 왕생예찬	만약 어떤 중생이	아미타불을 칭념하되	이레 및 하루든, 아래로 십성 내지 일성·일념 등이든		반드시 왕생한다.
(9) 법사찬		여래께서 요법을 선택하여 아미타불을 부르라 가르치시니	칠일 밤낮으로 마음에 틈새가 없고, 장시간 행을 일으켜 배가 됨도 모두 그러하네	전일하고 또 전일하게	임종할 때 성중들이 연꽃 들고 나타나시니, 심신이 용약하여 금색 연꽃에 올라앉게 되는데, 앉을 때 바로 무생법인 얻고, 일념 사이 부처님 전으로 영접한다네.

이 도표는 일목요연합니다. 『선도대사전집』 가운데 총 아홉 곳에서 『아미타경』의 이 단락 경문을 인용하고 있지요.

'선남자·선여인'을 해석하실 때 '선'자를 전부 생략해버렸고, '약일일·약칠일'을 해석하실 때는 곧 수명의 장단에 따른 '위로는 백년을 다하고 아래로는 한 번에 이르기까지' 한평생의 염불이라 하셨습니다.

'일심불란'이 바로 '일심전념'이라고 해석하셨으며, 총 여섯 번 '전'자를 사용하셨습니다.

'심부전도'는 모두 생략해버리고 해석하지 않으셨는데, 이것은 당연한 것이어서 해석할 필요가 없었기 때문입니다.

나무아미타불!

정종淨宗 법사

1966년 중국 안휘성 출생.

1994년에 구화산의 인덕仁德 노화상에게 출가하였다. 1996년에 혜정법사를 만나 선도대사의 정토법문을 듣고 크게 감동하여, 이후로 한결같은 마음으로 경론을 인쇄하고 법문을 하는 등 선도대사의 정토법문을 널리 펴고 있다. 2004년부터 지금까지 안휘성 선성에 위치한 홍원사弘願寺를 재건하고 있다. 홍원사는 중국에서 선도대사의 순수정토를 선양하는 대표적인 도량이다.

정전淨傳 스님

2005년 강원도 건봉사로 출가하였으며, 송광사 강원을 졸업하였다. 일찍이 정토법문을 공부하고자 대만에 유학하였으며, 거기서 순수정토법문을 널리 선양하고 있는 혜정법사로부터 정토종의 종지를 배웠다. 귀국 후 건봉사 만일염불회 지도법사로서 순수정토사상의 가르침을 펴고 있다. 아울러『순수한 정토법문』,『조념법요집』,『정토수행의 나침반』,『고향으로 돌아가자』,『정토종 개론』 등을 번역 출판하며 정토종의 개창자인 선도대사의 칭명염불수행 전통을 이 땅에 되살리고자 힘쓰고 있다.

아미타경 핵심강의

초판 1쇄 인쇄 2016년 9월 20일 | 초판 1쇄 발행 2016년 9월 27일
정종 법사 법문 | 정전 스님 옮김 | 펴낸이 김시열
펴낸곳 도서출판 운주사

(02832) 서울시 성북구 동소문로 67-1 성심빌딩 3층

전화 (02) 926-8361 | 팩스 0505-115-8361

ISBN 978-89-5746-466-3 03220   값 13,000원

http://cafe.daum.net/unjubooks 〈다음카페: 도서출판 운주사〉